사단이 내민 두 개의 선악과 — 신인합일강신과 마법의 정체

사단이 내민 두 개의 선악과 — 신인합일강신과 마법의 정체

발행일   2022년 1월 20일

지은이   윤선희
펴낸이   손형국
펴낸곳   (주)북랩
편집인   선일영   편집   정두철, 배진용, 김현아, 박준, 장하영
디자인   이현수, 김민하, 허지혜, 안유경   제작   박기성, 황동현, 구성우, 권태련
마케팅   김회란, 박진관
출판등록   2004. 12. 1(제2012-000051호)
주소   서울특별시 금천구 가산디지털 1로 168, 우림라이온스밸리 B동 B113~114호, C동 B101호
홈페이지   www.book.co.kr
전화번호   (02)2026-5777   팩스   (02)2026-5747

ISBN   979-11-6836-148-5 03200 (종이책)   979-11-6836-149-2 05200 (전자책)

(주)북랩 성공출판의 파트너

북랩 홈페이지와 패밀리 사이트에서 다양한 출판 솔루션을 만나 보세요!

홈페이지 book.co.kr   •   **블로그** blog.naver.com/essaybook   •   **출판문의** book@book.co.kr

---

작가 연락처 문의 ▶ ask.book.co.kr

작가 연락처는 개인정보이므로 북랩에서 알려드릴 수 없습니다.

기독교의 하나님을 믿는 것이 인간 운명의 최고의 선택이다

사단이 내민 두 개의 선악과

— 신인합일강신과 마법의 정체

윤선희 지음

북랩 book Lab

지금은 인간이 신이라고 주장하는 신인합일강신과 마법사상이 기독교를 장악하고 성도를 미혹하는 위기의 시대입니다. 이들 사상의 핵심은 "인간이 신"이라는 것입니다. 이 사상의 센터는 뉴에이지입니다. 그러나 무지한 일부 교회지도자들은 사단이 내민 두 개의 선악과인 신인합일강신과 마법사상을 기독교 복음으로 오해하여 성도를 인도하고, 이러한 사역자에게서 배운 성도는 신인합일강신과 마법을 기독교의 당연한 진리로 받아들이고 있습니다. "인간이 신"이라는 사단의 최고의 전략을 본의 아니게 목회자는 가르치고 성도는 실천하고 있는 것이 오늘날 기독교가 처한 현실입니다. 더욱이 일부 배교한 교회들의 가르침으로 인해 기독교가 부인되는 지경에 이르렀고, 사역자와 성도들의 영적 무지로 인해 정통 기독교가 사라지고 기독교로 둔갑한 신인합일강신과 마법이 교회를 장악하였습니다.

　　성도는 하나님과 기독교를 믿기 위해 교회에 왔지만, 마법주술의 영을 하나님으로 믿게 되었고, 영적으로 무지한 일부 목사들로부터 마법주술 사상을 기독교의 복음으로 배우며 하나님께 기도한다지만 실상은 마법주술을 행하고 있습니다.

　제가 이 책을 저술하게 된 동기는 인간이 신이 될 수 있다며 하와를 속였던 사단의 숨겨진 노림수를 폭로하고, 사단이 다른 모습으로 둔갑한 신인합일강신과 마법의 실체가 무엇이며 그들 주장의 허구와 죄악을 밝히기 위함입니다. 나아가 신인합일강신과 마법이 교묘하게 하나님의 이름과 성경을 이용하여 마치 기독교인 것처럼 정당성을 확보하면서 교회를 장악한 현실과 그에 동조한 사역자와 성도들의 수많은 영적 착각과 무지를 밝히고자 이 책을 구상하고 저술하게 되었습니다. 그리고 책의 제목을 『사단이 내민 두 개의 선악과 - 신인합일강신과 마법의 정체』로 명명하였습니다.

　이 책을 쓸 수 있도록 인도해 주신 하나님께 감사드립니다.

목차

1
하나님과 신이 되고픈 인간의 전쟁

창세기 1장에는 하나님께서 천지와 인간을 창조하시는 천지창조 이야기가 나온다.

태초는 땅이 혼돈하고, 공허하며, 흑암이 깊음 위에 있고, 하나님의 영은 수면 위에 운행하셨다. 창조 첫째 날에 이르러, 하나님은 빛을 창조하셨고, 빛과 어둠을 나누사 빛을 낮이라, 어둠을 밤이라 부르셨다. 둘째 날에는 물 가운데 궁창을 물과 물로 나뉘게 하시고, 궁창을 하늘이라 부르셨다. 셋째 날에는 천하의 물을 한 곳으로 모으고, 뭍을 땅이라 부르시고, 모인 물을 바다라 부르시며, 땅은 풀과 씨 맺는 채소와 씨 갖은 열매 맺는 나무를 내었다. 넷째 날에 이르러는 하늘에 광명들이 있어, 낮과 밤을 나뉘게 하라, 그것들로 징조와 계절, 날과 해를 이루게 하셨다. 하늘에 있는 광명체들로 땅을 비추라 하셨고, 두 큰 광명체를 만드사 큰 광명체로 낮을 주관하게 하시고, 작은 광명체로 밤을 주관하게 하시며, 별들을 만드시고, 하늘의 궁창에 두사 땅을 비추어 낮과 밤을 주관하게 하시고, 빛과 어둠을 나뉘게 하셨다. 다섯째 날에 이르러는 물들은 생물을 번성하게 하라 명령하시며, 큰 바다짐승들과 물에서 번성하여 움직이는 모든 생물을 종류대로 만드셨다. 하늘의 궁창에는 새가 날으라 하시고, 날개 있는 모든 새를 종류대로 창조하시고, 땅에게 생물을 종류대로 내되 가축과 기는 것과 땅의 짐승을 종류대로 만드셨다. 여섯째 날에 하나님의 형상을 따라 남자와 여자를 창조하시고, 그들에게 복을 주시며 생육하고, 번성하라, 땅에 충만하라, 땅을 정복하라, 바다의 물고기와 하늘의 새와 땅에 움직이는 모든 생물을 다스릴 권한을 주셨다. 또한 지면의 씨 맺는 채소와 씨 가진 열매 맺는 나무를 먹을거리로 주시고, 땅의 모든 짐승과 하늘의 모든 새와 땅에 기는 모든 것에게 풀을 먹을거리로 주셨다.

이것이 하나님의 천지창조다.

6일 동안의 창조 사역의 특징은 인간을 제외한 모든 만물은 하나님의 창조적 명령인 "있으라" 하시니 그 존재가 있게 된다. 하나님이 보시기에 좋은 존재가 되었다. 그러나 창조 6일째 되는 날, 남자와 여자가 창조될 때에는 창조적 명령인 "있으라"로 창조된 것이 아니다. 하나님의 형상대로 만드셨고, 코에 생기를 불어넣으시므로 생령이 된 인간을 창조하신 것이다. 인간에게는 만물에게 주셨던 복에 더하여 생육하고, 번성하여 땅에 충만하라, 땅을 정복하라, 바다의 물고기와 하늘의 새와 땅에 움직이는 모든 생물을 다스리라고 명령하셨다.

하나님의 창조사역의 핵심 원리는 하나님은 창조주이시고, 하나님이 창조하신 것들은 피조물이라는 것이다. 또한 각각의 피조물에는 생존과 삶의 영역이 있고, 영역에서 살아가야 할 존재의 경계가 그어져 있으며, 질서와 원칙 그리고 차이가 존재하게 된다.

바다는 바다에 살고 땅을 넘어서는 안 된다. 땅은 바다를 침범해서는 안 된다. 새는 하늘을 날고, 물고기는 물에서 살며, 동물은 동물의 영역에서, 식물은 식물의 영역에서 살아야 한다. 인간은 가장 위대한 피조물로서 인간의 영역에서 경계와 질서, 차이와 원칙을 지키며 살아가야 하는 천지 창조가 완성된 것이다.

그러므로 하나님의 창조행위는 존재의 창조이며, 동시에 존재의 생존을 위한 영역과 경계, 질서와 원칙의 창조이다. 하나님의 창조 세계는 모든 존재가 사는 영역과 영역의 경계 그리고 질서와 원칙이 지켜질 때 생명과 축복이 주어지는 세계이지만 영역과 경계, 질서와 원칙이 무너질 때 혼란과 파멸, 혼돈과 죽음이 찾아오는 세계가 되었음을 말해주고 있다. 창조 질서와 원리에 대한 파괴행위를 성경은 죄라고 정하고 있다.

창세기 2장에 선악과 이야기가 나온다. 하나님은 창세기 2장 17절에 아담에게 선악을 알게 하는 나무의 과실을 먹지 말라고 명령하시고, 그것을 먹는 날에는 반드시 죽는다고 경고하셨다. 인간이 만물을 정복하며 다스리는 축복을 받았지만, 절대 침범해서는 안 되는 경계가 있는 것을 말씀하고 있다.

선악을 알게 하는 나무와 과실은 무엇을 말하는 것일까?

선악과는 신과 인간의 경계를 말하고 있다. 선악과를 따 먹는 것은 인간이 인간의 지위를 떠나 하나님의 세계를 침노하여, 하나님의 영역인 신의 세계, 그 금기의 세계를 침범하여 혼란스럽게 하는 행위가 된다. 하나님은 피조물 가운데 선악과를 따 먹을 수 있는 존재는 인간밖에 없었기 때문에, 아담과 하와에게 신의 경계를 침범하여 선악과를 따 먹지 말라고 경계하신 것이다. 인간이 선악과를 따 먹고, 신이 되려고 하는 것은 신과 인간의 영역과 경계와 질서를 파괴하는 행위로 인간은 반드시 죽는다는 것이다.

선악을 알게 하는 나무와 과실은 하나님은 창조주이시고, 인간은 피조물이라는 불변의 창조 원칙의 경계인 것이다. 그러나 만약 인간이 선악과를 따 먹는 날에는 신과 인간의 경계를 파괴한 죄 값을 치러야 한다. 그래서 하나님은 인간에게 선악과를 따 먹지 말라고 금제하셨다. 인간에게 신이 되려고 하지 말고, 신이 되려는 행위를 절대 하지 말라는 것이다.

인간은 하나님에 의해 창조되었지만 피조물로 사는가! 아니면 신이 되려고 하는가! 그 시험대가 선악과이다. 선악과는 인간 앞에 놓인 생명과 죽음의 두 길이 된다. 인간은 선택해야 한다.

창세기 3장

1   그런데 뱀은 여호와 하나님이 지으신 들짐승 중에

가장 간교하니라. 뱀이 여자에게 물어 이르되, 하나님이 참으로 너희에게 동산 모든 나무의 열매를 먹지 말라 하시더냐

2 여자가 뱀에게 말하되 동산 나무의 열매를 우리가 먹을 수 있으나

3 동산 중앙에 있는 나무의 열매는 하나님의 말씀에 너희는 먹지도 말고, 만지지도 말라, 너희가 죽을까 하노라 하셨느니라

4 뱀이 여자에게 이르되 너희가 결코 죽지 아니하리라

5 너희가 그것을 먹는 날에는 너희 눈이 밝아져 하나님과 같이 되어, 선악을 알 줄 하나님이 아심이니라.

6 여자가 그 나무를 본즉 먹음직도 하고, 보암직도 하고, 지혜롭게 할 만큼 탐스럽기도 한 나무인지라. 여자가 그 열매를 따 먹고, 자기와 함께 있는 남편에게도 주매 그도 먹은지라

7 이에 그들의 눈이 밝아져 자기들이 벗은 줄을 알고, 무화과나무 잎을 엮어 치마로 삼았더라

8 그들이 그 날 바람이 불 때 동산에 거니시는 여호와 하나님의 소리를 듣고, 아담과 그의 아내가 여호와 하나님의 낯을 피하여 동산 나무 사이에 숨은지라

그 옛날 자기 지위를 떠나 하나님같이 되려 했던 사단이 뱀의

모습으로 나타나 인간에게 금단의 열매인 선악과를 따 먹으라고 미혹한다. 사단은 왜 인간에게 뱀의 모습으로 나타났을까! 인간에게 뱀이란 두렵고, 지혜로우며, 가장 영적으로 보이는 신령한 동물이다. 사단은 인간이 두려워하면서도 믿을 수 있는 존재로 자신을 가장한 것이다.

사단은 왜 인간에게 선악과를 따 먹으라고 했을까! 사단은 피조된 인간이 자신의 유한함에 불안해하고 있으며, 하나님과 같이 되고픈 욕망이 있음을 알고 있었을 것이다. 사단은 인간의 가장 약한 부분이며, 동시에 가장 강렬한 부분인 인간의 욕망을 자극하는 것이다. 선악과를 따 먹어도 죽지 않으며, 오히려 눈이 밝아져 하나님과 같이 될 수 있으니 따 먹으라고 미혹한다. 사단은 아담과 하와에게 하나님의 명령에 필적할만한 설득력 있고, 힘이 있는 대안을 제시하므로, 인간으로 하여금 사단의 말에 귀 기울이게 하고, 마침내 사단의 뜻을 따르게 하는 힘을 보여주었다.

사단이 아담과 하와에게 선악과를 따 먹으라고 미혹한 것은 하나님의 창조 질서를 혼란스럽게 하고 파괴하려는 목적이었다. 신이 되고픈 인간의 욕망을 자극하여 하나님의 피조물인 인간과 만물이 하나님같이 될 수 있다는 욕망으로 자기 지위를 떠나게 만들려는 것이었다. 하나님의 창조 질서와 피조물을 모두 파괴하고, 동시에 사단이 만물과 인간의 주인이 되어 경배를 받으려고 한 것이다. 사실 하나님같이 되고 싶었던 것은 사단의 욕망이었다. 사단의 욕망이 인간에게 들어갔고, 그때부터 사단의 목적과 욕망이 인간의 목적과 욕망이 된 것이다.

사단의 미혹대로 아담과 하와는 선악과를 따 먹게 된다. 하나님의 피조물이 하나님께 순종한 것이 아니라, 사단에게 순종하였다. 첫 사람이 신이 되려는 욕망으로 선악과를 따 먹으므로 인간은 사단의 종이 되었고 반드시 죽는 존재가 되었다. 이것이 죄의 실존이다. 인간은 신이 되는 길을 선택하였다. 그리고 인간 자신이 신이 되지 못하면 다른 존재인 영들과 피조물을 하나님같이 만들어 섬기는 데까지 나아갔다. 이것이 인간의 행한 영적 역사이다. 사단은 영원히 살고 싶고, 하나님같이 되고 싶은 인간을 이용하여 하나님의 창조 질서 파괴에 성공한 것이다.

선악과 사건 이후의 세상의 역사는 타락한 인간과 만물을 하나님의 형상을 닮은 피조물로 재회복시키려는 하나님의 구원 역사와 인간과 만물은 하나님같이 될 수 있다고 부추기며, 하나님의 피조물과 창조 질서를 무너뜨리고 경배받으려는 사단과 하나님같이 되려는 인간의 투쟁이 벌어지는 영적 전쟁의 역사라고 할 수 있다.

하나님이 창조하신 하늘은 아주 높고 높은 신들이 사는 신들의 나라로 신화화되었다. 강은 심판하는 신의 거처로 신격화되었고, 태양은 만물에 생명을 주는 생명의 신이 되었다. 달은 절기와 계절, 연한과 사시를 이루는 특별한 존재가 되었고, 별들은 하늘의 군대이며, 하늘의 신이 되어 인간사를 다스리는 존재가 되었다. 바다는 죽음의 신이 거하는 곳이 되어 인간은 바다에 거하는 죽음의 신을 달래려고 제사를 드렸고 산은 신들이 모여 사는 총회가 되어 인간은 산의 신들에게 제사를 드렸다. 비와 폭풍, 풍우와 번개는 다산과 심판의 신이 되었다. 사람들은 비의 신, 폭풍의 신, 번개의 신에게 다산과 풍요를 보장받기 위해 신전을 만들었고 다산을 얻어내기 위해 성적 제사 의식을 행하는 것을 서슴지 않았다. 더욱이 큰 위기와 재앙을 막으며 기복을 얻기 위해 불의 신, 심판의 신을 만들어 자식을 바치며 불사르는 행위도 서슴지 않았다. 죽은 영혼을 무섭고 두려운 초월적 존재로 여기고, 산 자손들은 복을 얻고 재앙을 막기 위해 죽은 조상을 신격화하였다. 거기서 사자숭배, 조상숭배 제사 의식이 생겨났다.[1]

남자들은 남신이 되었고 여자들은 여신이 되었다. 땅은 어머니신으로 대지와 만물의 모신이 되었고, 개구리, 뱀, 황소, 호랑이, 이, 파리, 변소, 부엌, 거대한 나무, 기이한 암석, 억울하게 죽은 영웅적 인간도 신으로 만들어졌다.

그러나 하나님은 태양신으로 신격화된 태양의 신격을 벗기어 피조물인 해로 돌리셨다. 임신하지 못한 여인들이 아기를 낳기 위해 빌던 달을 밤하늘을 비추는 달의 본래 모습으로 돌리셨다. 다산을 준다고 믿고, 신격화하였던 비와 풍우와 번개는 신이 아니라고 선언하시며, 진정 다신과 풍요의 주인은 하나님이심을 선포하셨다. 죽음과 혼돈의 신이 산다는 거대한 바다는 물고기가 사는 터전일 뿐이며, 산신령이 산다는 산은 사람들에게 홍수를 막아주고 온갖 열매와 채소를 공급하는 터전이라고 하신다. 강, 하늘, 호수, 샘, 기이한 나무, 거대한 암석, 뱀, 호랑이, 악어, 개구리, 이, 파리는 신이 아니

---

1) 주원준 『구약성경과 신들』

라 하나님이 만드시고 보시기에 좋았던 피조물일 뿐이라고 하신다. 마을 입구에 복을 주고 재앙을 막는다고 세운 장승 부부는 나무일 뿐이며, 아기를 낳기 위해 남근석에 여인들이 빌면 그것은 돌일 뿐이라고 말씀하신다. 죽은 조상과 영웅을 신으로 받들어 숭배하면 그들은 다시 오지 못할 곳에서 영원히 안식하는 존재라고 말씀하셨다. 심지어는 이스라엘 민족의 구원자이자 신정 국가의 제정자이며 선지자였던 모세는 무덤조차 없게 하심으로 어떤 인간도 숭배하거나 신격화하지 못하게 하였다.

기독교는 하늘도, 태양도, 달도, 별도. 비와 풍우도, 홍수도. 산도, 강도, 바다도, 황소도, 뱀도, 개구리도, 호랑이도, 거북이도, 죽은 조상도, 죽은 인간영웅도, 더 나아가 모세나 세례요한, 바울 같은 위대한 신앙의 인물도 오로지 피조물이라는 것을 분명히 선포하고 있다. 즉 하나님 외에 존재하는 모든 것은 하나님의 피조물이라는 것이다.

기독교신자의 참된 표지는 하나님을 창조주시며, 유일신으로 인정하고 인간과 만물과 영적 존재들을 신격화하지 않는 것이다. 하나님 앞에 피조물로서의 지위를 지키고, 하나님의 뜻에 따라 각각의 피조물들이 살아가는 영역과 경계, 질서와 원칙을 지키며, 피조물 상호 간의 동질성과 차이를 존중하며 살아가는 것이다. 그러나 하나님을 믿고 유일신으로 인정한다고 하면서도 신적 힘을 소유하고 싶어 하고, 하나님의 힘을 가져오기 위해 인간적 수단을 이용하며, 하나님의 피조물 가운데 어떤 것을 절대화하여 하나님처럼 여기는 신앙생활을 하고 있다면 그는 외양은 기독교신자이지만, 영적 실상은 사단의 궤계를 따르는 사람이라고 할 수 있다.

창조주 하나님과 신이 되고픈 인간, 그리고 신이 되고픈 인간 뒤에는 사단이 있다.

인간의 역사는 사단과 사단에게 속은 인간이 인간을 비롯한 피조물을 신격화하는 신화화의 역사와 반대로 신격화된 피조물의 신화화를 벗기는 탈 신화화를 통해 창조 질서의 재회복을 원하시는 하나님과의 전쟁이라고 볼 수 있다. 그러나 신이 되고픈 인간은 늘 사단의 편에 서 있었다.[2]

2) 주원준 『구약성경과 신들』

기독교신자의 영적 전쟁은 피조물을 신격화하여 창조주가 되게 하는 것에 대한 외적, 내적 전쟁이다. 이것이 우상숭배를 해서는 안 되는 이유이기도 하다. 기독교신자는 인간이 신이 되려는 것과 신이 되지 못한 인간이 자신의 욕망을 이루기 위해 다른 피조물인 영적 존재와 자연만물과 힘을 가진 어떤 인간을 신격화하여 숭배하는 모든 시도를 반대하는 존재다. 또한 피조물의 지위를 지키며 하나님이 창조하신 다른 피조물의 영역과 경계를 존중하며 창조 질서를 지키며 살아가는 존재다. 이것을 온전히 행하는 길이 기독교신자가 영적 전쟁에서 승리하는 길이다. 따라서 기독교인의 신앙은 자신 안에서 신화화되고 신격화된 모든 것을 벗겨내는 탈 신화화를 행하고, 하나님에 의해 창조된 피조물 본연의 모습으로 회귀하는 삶을 사는 것이다. 피조물의 지위를 온전히 지키며 사는 기독교인들은 사단이 내민 선악과를 거절한 자들이며 생명과 죽음의 두 길에서 생명을 택한 자들이다.

2

종교와 주술의 비교

　원시인들은 바람과 별로 가득한 밤하늘, 수없이 많은 별을 따라 움직이는 하늘, 비처럼 쏟아지는 별똥별, 천둥과 번개로 하늘이 무너지는 듯한 공포스러운 밤, 온 세상이 흔들리는 지진, 폭우로 바다가 되어버린 땅과 창일하고 두려운 물소리, 해가 떠서 빛을 비추면 만물이 나타나고, 해가 사라지면 만물이 사라지고, 밤이 되면 모양이 작아지고 커지며 재생하는 달. 원시인에게 자연과 자연이 일으키는 현상은 두렵고 경외스러운 것이었다.

　하늘, 태양, 달, 별, 바다, 산, 강, 나무, 암석, 사자, 호랑이, 악어, 뱀, 두렵고 사나운 짐승들, 지진, 번개, 천둥, 폭우, 홍수, 태풍 등… 자연은 원시인들에게 생존의 터전이기도 하였지만, 생존을 파괴하는 두려운 곳이기도 하였다.

원시인들의 삶의 터전인 자연은 인간의 생명을 살리기도 하였고, 죽이기도 하는 두렵고 큰 존재였다. 원시인들은 자연 안에 깃든 위대한 힘이 세상과 만물, 인간의 삶 그리고 죽음을 주관한다고 생각하였다. 그들은 자연 안에 깃든 알 수 없는 신비로운 힘이 하늘과 해와 달, 별과 자연만물과 인간을 다스리고, 원리를 운행한다고 믿었고 우주와 만물, 인간은 이 초월적인 힘에 의해 살기도 하고 죽기도 한다고 생각하였다. 원시인들은 이 초월적 힘을 신이라고 믿기 시작하였고 초월적 힘으로 상징되는 신을 숭배하면서 종교가 시작되었다.

인간은 생존을 위해 복을 구하고, 재앙을 면하기 위해 신에게 제물을 바치고, 제사를 드리기 시작하였고, 자신에게 닥친 불행이나 불운이 죄에 대한 신의 형벌이라고 생각하였다. 그러므로 인간은 자신이 지은 죄의 대가를 치르고, 신에게 복을 구하고 재앙을 막아달라고 간구하기 위해 예물을 들고 신과 거래를 시작한 것이 제사 혹은 제의의 시작이었다.

이처럼 연약한 인간이 자연과 더불어 살면서 다산과 복을 구하며, 재앙과 화를 막고, 자연과 더불어 생존하기 위해 초월적 힘을 신으로 숭배하기 시작한 것이 종교의 시작이고, 동시에 자신의 죄의 등가성에 따라 죄 사함에 필요한 예물을 신에게 드리고, 신의 용서를 구하고, 복을 구하고, 재앙을 막아달라는 의식을 행하는 것이 제사의 원형이다.

세상 각지에 사는 사람들은 자신에게 복을 주고, 재앙을 막아줄 힘이 있는 존재를 신으로 숭배했기 때문에 사람들은 자신의 생존을 도와줄 여러 힘을 숭배하게 되었다. 여기서 다신교가 나타났다.

이렇게 시작된 종교의 기원은 크게 애니미즘, 샤머니즘, 토테미즘으로 분류한다. 애니미즘이란 우주만물, 인간, 이 세상에 존재하는 모든 것에는 영이나 영의 힘이 깃들어 있다고 믿는 사상이다. 인간의 눈에 보이지 않지만, 분명히 있는 영적 존재와 하늘, 해, 달, 별, 번개, 천둥, 벼락, 지진, 화산 폭발, 산, 기이한 바위와 나무, 강과 바다, 동물, 식물, 인간 등… 이 세상에 존재하는 모든 것에는 영이 깃들어 있거나 특별한 힘이 있다고 믿는 것이 애니미즘이다.

두 번째는 샤머니즘이다. 샤먼은 무당을 말한다. 샤먼은 인간의 몸에 신령을 받아들여 신령의 도움으로 인간에게 복을 주고,

재앙을 막아주고, 잡귀의 침범을 쫓아주는 민간신앙의 사제라고 부른다. 샤먼은 굿이라는 의식을 거행하는 사제이며, 예언자이며, 병을 고치는 주술적 치료자로 자기 몸에 실린 신령의 힘과 샤먼의 도구를 사용하여, 신령과 인간의 중재자 노릇을 한다. 인간이 원하는 것을 얻어내기 위해 영을 달래거나 협박하고, 조종하여 신령세계에 접근하는 자로 평가되고 있다.

그러나 샤먼이라는 무당의 영적 실상은 사악하고 강한 무속의 영에 빙의된 사람일 뿐이다. 무속의 영에 의해 무당 자신의 인생과 가정, 다른 사람의 인생도 무너뜨리는데 강제적으로 쓰임 받는 가엾은 인생일 뿐이다. 일부 종교학자들이 무속과 무당의 삶을 인간 내면의 문화적 원형이라고 평가한다. 무속인과 그 가정의 삶이 얼마나 비참한지 안다면 과연 그런 소리를 할 수 있는지 의아할 뿐이다. 그들은 그저 무속의 영에 강제적으로 사로잡혀 고통스러운 삶을 사는 사람들이다.

세 번째는 토테미즘이다. 사람들이 부족을 형성할 때, 부족을 만들어준 조상이 무엇이었나 생각하였고, 부족의 시조를 인간이 아니라 특정한 동물이나, 식물이라고 생각하였다. 그리고 부족의

토템으로 여겨지는 동물과 식물을 숭배하는 것이 토테미즘이다.

이것이 종교학자들이 분류하는 종교의 시작이다.

이 세상은 원초적으로 영적인 존재와 물질적인 존재로 구성된 세계다. 영은 인간의 눈에 보이지 않지만 실존하는 존재다. 인간과 만물보다 초월적이고 힘이 세며 지혜로운 존재다.

영적 존재는 우주와 자연, 인간의 실존을 이끌어가는 상위의 존재다. 모든 존재는 영적 존재의 행위로 인해 물질적 삶이 결정지어진다고 해도 과언이 아니다. 따라서 영적 존재가 인간운명의 생사화복을 이끌어가는 운명의 주인이라고 정의한다면 영적 존재를 제사와 제물로 경배하는 것은 종교를 넘어서 인간 삶의 원초적 모습이라고 할 수 있다. 나아가 영적 존재와 인간은 관계를 맺으며 살아가는데 영과 인간의 관계는 종교와 주술의 형태로 나타난다. 그러므로 종교와 주술에 대한 바른 정의가 있을 때 바른 영분별을 할 수 있다.

종교란 인간이 영적 존재에게 제사와 찬양과 기도 등의 의례를 행하며, 신의 뜻과 도움에 자신을 겸손히 맡기는 영적행위를 말한다.

전적으로 주도권이 신에게 있으며, 인간은 오직 신의 도움을 바라며, 신의 뜻에 순종하는 형태다. 반대로 주술은 영적인 특별한 힘을 지닌 인간이 도구나 방법을 사용하여 영적 존재를 달래며, 협박하고, 위로하고, 조종하여, 인간이 필요한 것을 영적 존재로부터 얻어내는 기술이다. 인간이 주도권을 가지고 영들을 조종하는 주술은 주술사와 주술행위, 주술도구의 세 가지 요소로 구성되어 있다.

인간이 소원을 이루기 위해 소원에 대해 생각하고, 구상화하고, 말하는 행위 역시 인간이 주도권을 가지고 영들을 상대하는 주술행위이며 기술이라고 할 수 있다. 이것을 고대와 현대의 마법사들은 마법이라 불렀고, 오컬트 신비주의자들은 오컬트 구상화라 하였고, 뉴에이지의 인본주의자들은 인간이 신이 되는 끌어당김의 법칙이라고 하였고, 신사상운동가들은 인간의 생각대로, 말대로 현실이 만들어진다며 그것을 위해 적극적 사고와 긍정적 사고를 주장하였다. 현대에 와서는 끌어당김의 법칙, 양자역학, 상상력의 힘, 인간정신과학의 힘으로 이름을 바꾸며 나타났다. 그러나 이들의 영적 실체는 모두 주술행위라고 정의할 수 있다. 주술은 인간이면 누구나 다 할 수 있는 대표적 영적 조작기술이며 인간은 누구나 주술행위를 하므로 인간은 모두 주술사라고 할 수 있다. 그러나 인간

중에서 더욱더 영을 조작하고 부릴 수 있는 특정 인간들이 있다. 그들을 주술사, 마법사, 신비술사, 무당 혹은 영매라고 부른다.

그러나 이러한 주술 행위는 기독교에서 복음과 영성으로 둔갑하여 나타났다. 마법주술이 기독교 영성의 옷을 입고 나타난 것이 믿음말씀운동, 번영신학, 긍정의 힘, 사차원의 영적 세계라고 할 수 있다. 이들의 가르침은 주술과 마법의 공식과 거의 같다. 성도가 자신의 소망을 꿈꾸고, 믿고, 바라보고, 이룬 것처럼 생각하고, 이룬 것 같이 현실적으로 생생하게 그리고, 이룬 것처럼 말하며, 이룬 것처럼 행동하면 하나님이 응답해 주신다는 사상들이다. 그러나 이러한 사상들의 영적 결국은 인간이 하나님을 조종하는 위치에 서서, 인간이 원하는 것을 하나님으로부터 받아낸다는 점에서 주술과 마법과 같은 것이다. 이들의 영적 결국은 마법과 주술을 기독교화한 것이라고 할 수 있다.

종교와 주술은 공통점과 차이점이 있다. 공통점은 종교나 주술이나 신의 힘으로 인간이 복을 구하고 재앙을 막아 인간의 본래적 생존을 도모한다는 것이다. 차이점은 종교란 신이 인간의 삶을 주도하는 것이고, 주술이란 인간이 영계의 영들을 조종하는 것이다.

① 종교는 신이 주도권을 가지고 인간사를 이끌어 간다.

② 주술은 인간의 영적 힘으로 초자연적인 영의 세계를 조종하여 초자연적인 신적 힘을 이끌어내어 인간사를 변화시킨다.

③ 종교는 인간이 절대자 앞에 무릎을 꿇고, 자신이 이루고자 하는 목적을 신에게 탄원하고, 간청하며, 겸손히 신의 뜻이 자신의 삶 속에서 이루어지기를 바라는 것이다.

④ 주술은 주술사 혹은 인간 자신의 힘으로, 물질적 세계에 내재된 초자연적인 힘인 영들을 인간의 의지대로 조종하려는 것이다.

⑤ 종교는 신이 인간을 다스리고, 주술은 인간이 신을 다스린다.

⑥ 종교에서는 종교의식이 있고, 신과 인간을 연결하는 제사장들이 존재한다. 제사장은 제사장들의 힘으로 신을 조종하는 방법이나 도구를 사용하지 않는다. 겸손히 신에게 나아가 신의 뜻을 듣고, 인간에게 전하며, 인간의 죄와 고통의 문제를 신에게 전한다. 신과 인간의 관계를 위해 제사와 제물이라는 형식으로 중재하는 역할을 한다.

⑦ 주술은 영적 힘을 가진 주술사가 영들을 다룰 수 있는 힘과 방법, 도구를 사용하여 신을 압박하고 인간의 문제를 해결한다. 인간이 주도권을 가지고 영들을 달래거나 협박하거나 인간의 영적 힘으로 신을 굴복시킴으로, 영계와 영들을 좌우하며 인간의 의지를 신에게 관철시키려는 인간의 기술이다.

종교와 주술은 서로 용납할 수 없는 것처럼 보여도 실상은 모든 종교 안에는 주술적 요소가 있고, 주술에도 종교적 요소가 있다. 다만 신본주의가 본질이 되어 잘 유지되면 종교가 되는 것이고, 신의 이름으로 포장된 인본주의 기술이 본질이 되면 주술이라고 할 수 있다.

따라서 종교는 신이 주도권을 가지고, 인간을 이끌어 가며, 인간은 겸손히 신의 뜻에 순종하며 신의 도움과 은혜를 구하는 신본주의를 지향한다. 신본주의의 대표적 종교가 기독교라고 할 수 있다. 반면 주술이란 인간이 주도권을 가지고, 영과 영계를 조종하여, 달래고, 협박하고, 타협하여 인간의 영적 힘으로, 인간이 원하는 것을 영들을 통해 이루는 모든 시도를 말한다. 주술을 다른 말로 하면 인본주의적 영적 기술이라고 할 수 있다.

영적 존재와 우주, 자연만물 그리고 인간은 모두 영과 물질로 구성된 존재들이다. 영적 존재가 물질적 삶을 이끄는 것이 물질의 실존이며, 동시에 인간의 운명이기도 하다. 그러므로 악한 영적 존재가 주도권을 가지고 물질을 이끌어 갈 때는 물질의 실존과 인간의 운명은 파괴적으로 나타날 수밖에 없다. 선하고 강한 영적 존재가

힘을 가지고 물질을 이끌어갈 때는 물질과 인간의 운명은 생명과
은혜가 넘치는 모습으로 존재할 것이다.

기독교는 신본주의를 지향하는 종교다. 인간의 힘이 하나님을
좌우하는 것이 아니라 하나님만이 인간과 세계를 다스리고, 역사
와 운명을 이끄시는 것을 인정하고 순종하는 종교인 것이다. 그러
므로 성경은 주술행위를 절대 용납하지 않는다.

신명기 18장 9-14절

9   네 하나님 여호와께서 네게 주시는 땅에 들어가거든
너는 그 민족들의 가증한 행위를 본받지 말 것이니

10   그의 아들이나 딸을 불 가운데로 지나게 하는 자나
점쟁이나 길흉을 말하는 자나 요술하는 자나
무당이나

11   진언자나 신접자나 박수나 초혼자를 너희 가운데에
용납하지 말라

12   이런 일을 행하는 모든 자를 여호와께서 가증히
여기시나니 이런 가증한 일로 말미암아 네 하나님
여호와께서 그들을 네 앞에서 쫓아내시느니라

13   너는 네 하나님 여호와 앞에서 완전하라

14 네가 쫓아낼 이 민족들은 길흉을 말하는 자나
점쟁이의 말을 듣거니와 네게는 네 하나님
여호와께서 이런 일을 용납하지 아니하시느니라

신명기 18장 9-14절 말씀에 나오는 가증스러운 자들의 특징은 인간이 영계를 조작하여 영들을 달래고, 협박하여 인간이 원하는 것을 끌어올 수 있는 기술을 가진 자들을 말한다. 이들을 통칭하여 주술사라고 한다. 하나님은 신명기 18장의 가증스러운 자들을 이스라엘이 용납하지 말라고 하신다. 심지어 주술을 행하지 않는 것이 하나님 앞에 온전함이라고 말씀하신다.

십계명 중 제 3계명
너는 네 하나님 여호와의 이름을 망령되게 부르지 말라 여호와는
그의 이름을 망령되게 부르는 자를 죄 없다 하지 아니하리라

십계명 중 제3계명에서 하나님의 이름을 망령되게 부르지 말라고 한 것은 하나님의 이름을 불러 하나님을 조종하여 인간이 원하는 것을 이루려는 시도를 결코 하지 말라는 뜻이다. 즉 인간의 주술적 힘이나 기술로 하나님을 조종하고 이용하려는 행위를 하지 말라는 계명이다.

민수기 23장 23절

23 야곱을 해할 점술이 없고 이스라엘을 해할 복술이
없도다 이 때에 야곱과 이스라엘에 대하여 논할진대
하나님께서 행하신 일이 어찌 그리 크냐 하리로다

민수기 23장 23절의 어떤 주술사도 야곱을 해하고, 이스라엘을
해할 복술이 없다는 말씀이다. 하나님이 지키시고, 보존하시는 이
스라엘 백성에게는 주술사의 어떤 점술이나 저주나 주술도 통하지
않는다는 것이다. 이는 강한 영적 힘을 가진 인간의 주술적 행위
로 수많은 영들이 조종당하고, 협박당하여, 인간 뜻대로 할지라도,
하나님에게는 그것이 가능하지 않는다는 말씀이다.

하나님은 인간의 주술적 힘과 기술에 굴복하시고, 조종당하는
분이 아니며 오직 세계와 역사와 그리고 인간의 삶을 하나님의 섭
리대로 이끌어가시는 절대주권의 신본주의 하나님이시다. 그러므
로 인간이 하나님과 영들을 조종하려는 시도인 주술을 이스라엘
신앙 공동체 안에서 반드시 배격해야 할 가증스러운 영적행위라고
말씀하고 있다.

그러나 오늘날 기독교에는 성도의 힘으로 복을 얻고 재앙을 면

하기 위해 하나님을 움직이려는 시도들이 만연되고 있다. 이러한 행위를 기독교 인본주의라고 할 수 있다. 기독교 인본주의의 영적 현실은 교회에서 주술을 행하는 것이다. 일부 교회에서는 신본주의 기독교를 가르치는 것이 아니라 성도의 힘으로 하나님의 행위를 끌어내는 사술과 복술을 가르치고 있다. 하나님을 전해야 하는 교회에서 하나님이 가장 가증스럽게 여기시는 하나님을 조종하는 법을 가르치고 있는 것이다.

오늘날 교회에서 성도에게 복을 얻고 재앙을 막기 위해 하나님을 이용하자고 하는 주술적 가르침들은 다음과 같다.

① 긍정적으로 생각하면 그 생각대로 하나님의 축복을 받는다는 긍정의 힘

② 하나님이 창조하신 영적 세계인 사차원을 성도가 꿈, 믿음, 생각, 구상화, 말로 프로그래밍하면 그 행위와 믿음이 4차원을 변화 시켜 하나님의 응답을 받아 성도의 3차원적 삶을 지배한다는 사차원 영성

③ 좋은 말을 계속 되풀이하면 지금 내가 하는 말이 미래의 내 인생을 결정하므로 좋은 말로 미래를 예언적으로 선취하라는 영성

④ 말의 힘을 제대로 알고 같은 말을 계속 되풀이하면 말한 대로 현실

을 만든다는 말의 힘

⑤ 성도가 하나님이 정한 원리대로 행하면 하나님이 성도의 행위에
순종하여 응답하신다는 믿음말씀운동

⑥ 복을 받고 재앙을 막기 위해 하나님의 도움을 얻어내고자 교회에
서 처방되는 수많은 비법

- 놀라운 기름부음을 받는 법
- 하나님의 음성을 듣는 법
- 백 프로 기도응답을 받는 법
- 하늘 보좌를 움직이는 법
- 하늘문을 여는 기도하는 법
- 성령의 은사를 받는 법
- 하나님의 영광의 임재를 받는 법
- 하나님의 기적을 체험하는 법
- 초자연적인 권능을 받는 법
- 물질축복을 받는 법
- 방언 받는 법
- 불과 기름부음 받는 법
- 예수님의 정결한 신부 되는 법

- 초자연적 부의 이동을 이루는 법
- 성도의 행위로 하나님의 도움을 끌어내자는 모든 이론들

이와 같이 영성과 비법들은 인본주의 영적 기술로서 신본주의를 지향하는 기독교 진리에서 벗어나는 것이다. 이것은 성도가 자신이 원하는 것을 얻기 위해 하나님을 이용하려는 시도이며 성도의 비법으로 하나님의 힘을 끌어내어 제액초복의 행위를 한다는 점에서 마법주술행위와 똑같은 것이다.

하나님을 믿고 하나님의 뜻을 따라야 하는 하나님의 백성이 하나님을 이용하는 힘을 배워서 복을 받고 재앙을 면하려는 마법주술을 행하고 있는 것이다. 그러므로 이러한 것을 가르치는 교회와 목회자와 성도의 영적 실상은 교회는 실질적 주술학교이고, 목사는 주술선생이며, 성도는 주술생도라는 것이다. 교회 안에서 행하는 성도의 주술적 행위는 하나님의 응답을 받는 것이 아니라 수많은 악령을 초혼하여 악령에 사로잡히는 결과를 가져올 뿐이다. 그러나 성도는 자신의 신앙행위가 마법주술행위였는데도 자신은 기독교의 진리에 서서 신앙생활을 하였다고 착각한다. 영적 무지가 얼마나 심각한 결과를 가져오는지 단적으로 보여주는 것이다. 나

아가 성도의 마법행위로 성도가 원하는 것을 얻게 되면 성도는 그것을 하나님의 응답으로 착각하게 된다. 평생을 악령의 미혹에 사로잡힌 거짓 신앙을 하게 되는 것이 그들의 영적 결국이라는 것이다.

공식 같은 일정한 행위를 하면, 하나님이 응답하신다고 가르치는 교회에서 많은 영적 역사와 기적이 일어난다고 해도, 그것은 악령이 일으킨 초자연적 역사일 확률이 매우 높다고 판단해야 한다. 그리고 성도에게 응답받는 공식과 비법을 가르치는 존재가 목사라고 할지라도 그의 이면적 영적실체는 목사가 아니라 주술사라고 할 수 있다. 또한 그곳이 교회의 모습을 하여도 실상은 주술학교와 다를 바가 없으며, 주술사 목사에게 배운 대로 비법과 기술을 사용하는 성도는 기독교신자가 아니라 목사의 탈을 쓴 주술사로부터 배운 주술기술을 실습하는 주술학교 생도라고 할 수 있다.

오늘날 마법주술이 기독교 안에 만연되었다. 일부 기독교 교회의 실상은 기독교의 복음과 진리를 퇴색시키는 것을 넘어 이교적 모습을 하고 있다. 그러면서도 자신들은 진리를 가르치고 있다고 생각한다. 영적 무지는 이렇게 무서운 것이다.

성도는 예수님의 십자가의 대속을 믿고 의롭게 되어 예수님의 삶을 따르는 성화된 삶을 살아야 하는 존재다. 그리고 창조주이시며 선하신 하나님의 뜻에 자신을 맡기고 살아가는 신본주의 길을 온전히 걷는 자들이다. 그러나 신본주의의 종교와 인본주의의 주술에 대한 바른 영분별 지식이 없으므로 성도는 교회에 다니면서도 영들을 조종하는 법만 배우는 주술사로 전락하게 된다. 이것이 오늘날 일부 교회와 목회자, 성도의 현실이다.

하나님은 사단이나 사단의 하수인 온갖 악령과 귀신들의 힘에 조종당하거나 제압당하지 않는다. 더욱이 강력한 영적 힘을 가진 인간의 힘에도 조종당하지 않는다. 더욱이 성도가 하나님을 이용해 복을 끌어내고, 재앙을 막기 위해 행하는 영적행위에 하나님은 조종당하거나 응답하지 않으신다. 예수님을 믿고 구원을 받아 하나님의 자녀답게 살아보려고 교회에 갔는데 교회에 가서 하나님이 가장 가증스러워하는 마법주술을 배우고 실천하는 마법주술사가 되어버린다면 이와 같은 영적 파멸이 어디에 있겠는가!

하나님은 창조주이시며 절대자이시다. 전지전능하신 크고 강하신 분이다. 어떠한 영도 하나님을 이길 수 없고, 하나님의 힘을 끌어낼 사술과 비방도 없다. 또한 어떠한 인간의 힘도 하나님을 조종할 수 없다. 그러므로 성도는 겸손히 하나님께 나아가 하나님의 뜻을 바로 알려고 노력하고, 하나님의 뜻에 순종하며 온전한 신본주의의 삶을 살아야 한다. 하나님은 인간보다 크신 분이시며, 사랑이시며, 영의 아버지이시다. 하나님은 성도의 삶을 성도의 기도와 욕망, 주술적 행위보다 더 아름답고 은혜롭게 그리고 더 깊은 영성으로 이끌어 가신다. 하나님의 영으로 이끌림을 받는 인간의 운명처럼 복되고 안전한 것은 이 세상에 아무것도 없다. 따라서 성도는 기독교 안에 인본주의적 주술이 무엇인지 분별하여 버려야 한다. 그리고 자신의 신앙에서 인본주의를 버리고 신본주의를 따르는 신앙의 영적 전쟁을 해야 한다.

3
세상에 존재하는 네 개의 영적 흐름

귀신은 자신이 원하는 것을 얻기 위해 사람을 속인다. 그리고 귀신이 원하는 것을 사람이 하도록 만든다. 조상숭배란 귀신이 했던 가장 최고의 전략이다. 인간이 조상에 대해 가지는 연민과 경외감을 이용하고, 죽은 조상을 잘못 모시면 화가 올 것이라는 두려움을 주면서, 조상을 잘 모셔야 복을 받고 재앙을 막을 수 있다는 사상을 주입시킨 후 귀신이 조상으로 나타나 조상행세를 한다. 그래야 산 자손에게 경배를 받고, 제사를 받으며, 한 집을 장악할 수 있기 때문이다. 조상에게 제사를 지내기 위해 차려놓은 음식이나 술 등은 귀신의 음식이며, 산 자손이 신격화한 죽은 조상에게 절을 하는 것의 영적 실상은 귀신을 경배하는 행위다. 귀신이 자기의 영적 생존을 위해 에너지를 섭취하고, 경배받기에 가장 좋은 최고의 전략이 조상숭배와 조상제사였다.

조상숭배를 사례로 들어 영들이 속이는 행위를 살펴보았다. 영은 실존하며, 생존을 목적으로 행동하는 힘을 가진 존재다. 생존을 위해 지, 정, 의를 사용하여 만물이나 인간을 통해 생존 목적을 이룬다. 영들이 생존을 위해 인간에게 하는 가장 대표적 전략이 속이는 것이다. 속여야만 영들도 자신의 목적을 달성할 수 있기 때문이다. 그래서 예수님은 사단을 거짓의 아비라고 하셨다. 사단이 거짓의 아비이면, 사단의 하수는 거짓의 아들들이고, 사단과 사단의 하수인 귀신에게 조종당하는 인간들은 거짓의 도구라고 할 수 있다.

영들이 자기 생존을 위해 만물과 인간을 초월하고, 동시에 그 안에 깃들어, 영들의 목적을 달성하려고 하는 행위를 영적행위라고 할수 있다. 영들의 영적행위의 종합을 영적 흐름이라고 할 수 있다.

이 세상에는 네 가지 영적 흐름이 있다.

① 기독교의 하나님을 믿는 것
② 강제적 샤머니즘
③ 자발적 샤머니즘
④ 마법

(1) 기독교의 하나님을 믿는 것

기독교의 하나님을 믿는 것은 초월적이면서도, 하나님의 뜻대로 인간과 만물의 역사를 이끄시는 선하시고, 진리이신 창조주 하나님을 믿는 것이다. 인간은 영과 육으로 구성된 존재다. 그러나 영이 우월적 지위에서 인간의 정신적, 육적 삶을 이끈다. 그러므로 영이 인간의 삶을 이끄는 것을 운명이라 정의할 수 있다. 인간에게 가장 악한 운명은 악한 영이 인간을 사로잡아 악한 영이 갖고 있는 목적대로 살게 하는 것이다. 반대로 인간에게 가장 복된 운명은 인간의 죄를 사하기 위해 십자가에서 대신 돌아가신 예수님을 믿고, 하나님의 자녀가 되어, 성령으로 거듭난 사람의 운명이 가장 복된 것이다. 그러므로 기독교의 하나님을 믿는 것은 인간에게 최고의 축복이라고 할 수 있다.

기독교의 하나님은 절대 주권과 신본주의 사랑에 기초하여 사람의 인생을 주관하시고, 축복하시는 분이다. 기독교의 하나님은 창조주이시며, 우주와 만물, 인간을 창조하신 분이다. 그러나 하나님은 하나님이 만드신 피조물과 합일하여 피조물을 신으로 만드는 분이 아니시며, 인간이 신이 되도록 허락하시는 분도 아니다. 또한 기독교의 하나님은 인간의 노력이나, 주술적 수단에 조종당하거나 행동하지 않으신다. 하나님은 인간으로 하여금 보시기에 좋았던 피조 당시의 모습으로 살도록 도우시고, 인도하시며 인간의 삶과 생명을 보존하시고, 축복하시는 하나님이시다. 기독교신자는 창조주이시며, 절대자이시며, 신본주의를 기반으로 세상을 이끄는 하나님을 믿고, 하나님의 뜻에 순종하며 살아가는 존재들이다.

(2) 강제적 샤머니즘

종교 형태 가운데 샤머니즘이 있다. 샤머니즘은 무속의 영이 특정 인간의 영혼과 육체를 폭력적이며, 강제적으로 장악하여, 무속의 영에 숙주가 되게 만들어 무당이라는 영적 지위를 부여하는 종교체계를 말한다. 무당이 행하는 굿이라는 의례를 통해 무속의 영의 목적을 세상에 전하는 민간 신앙의 하나이다. 샤머니즘의 특징은 무속의 영이 특정한 인간의 영과 육을 장악하는 것으로 시작하는데 인간을 장악할 때 인간은 신내림을 완강하게 거절하지만, 무속의 영이 폭력적으로 인간을 장악한다. 인간은 무속의 영에 의해 영과 육이 장악당하여 불행한 인생을 살게 되지만, 중요한 것은 세속무당이 자발적으로 접신을 원하거나 영을 초혼하여 신내림을 받는 경우는 없다는 것이다. 그저 무속의 영의 접신행위인 신내림을 거절할 수 없는 상태가 되어 강제적으로 무당이 되는 것이다.

무당이 되면 접신된 상태로 인해 자기를 초월한 망아 상태를 경험하게 되고, 신비한 영적 체험을 하며, 무당의 몸과 정신은 무속의 영의 것이 되어, 무속의 영으로부터 주어지는 힘을 통해 예언도 하고, 병도 고치고, 귀신도 쫓아내는 초월적 행위를 하게 된다. 이러한 무속적 신앙 형태를 강제적 샤머니즘이라고 부른다. 무속의 영으로부터 강제적으로 접신되어 신내림을 받는 강제적 샤머니즘의 무당은 비록 접신되어 신내림을 받아도 신과 합일했다고 하거나 우주와 일체가 되었다고 말하지 않는다. 나아가 무당 자신이 신이라고 하지 않는다. 이것이 강제적 샤머니즘의 주요한 특징이다.

강제적 샤머니즘으로 인해 무당이 된 세칭 무당은 자신을 사로잡은 무속의 영의 인간 도구가 되어 인간도 아니고, 신도 아닌 영매가 된다. 그들은 무당 팔자를 한탄하지만 벗어날 수 없는 운명 앞에 고통스러운 인생을 살게 된다. 더 나아가 무속의 영의 행위로 인해 무당과 무당의 집은 장애나 질병이 끊이지 않고, 가난과 불화, 고독과 음란이 끊이지 않는 고통스러운 삶을 살게 된다. 악하고 끈질긴 무속의 영은 무당의 자식이나 다른 가족에게 들어가 세습무로 만들기 때문에, 무당은 무속의 영이 원하는 대로 하지 않으면, 가족이나 자녀가 피해를 보거나, 세습무당이 될까 봐 무속의 영의 영적 인질이 되어 시키는 대로 행하는 불행한 인생을 살게 된다. 그러나 이들은 불행한 운명에서도 끊임없이 인간다운 삶을 찾기 위해 최선을 다한다. 다른 종교로 개종을 하기도 하고, 다른 종교의 신의 도움으로 고통스러운 영적 환경에서 벗어나려고 애를 쓰는 노력을 멈추지 않는다.

(3) 자발적 샤머니즘

자발적 샤머니즘은 말 그대로 스스로 무당이 되는 것이다. 무속의 영에게 스스로 자신의 몸과 영혼을 내어주고, 무속의 영의 계시대로 철저하게 순종하는 종교 형태다. 다만 스스로 무당이 되는 인간은 자신을 무당이라고 생각하지 않는 것이 특징이며 자신에게 임한 영을 무속의 영이 아니라 우주의 초월적 신이라고 믿는다. 이들은 자신을 영성가라고 부르며 자신을 따르는 영성가 집단을 형성한다. 더 나아가 인간이 신이라고 주장한다. 따라서 자발적 샤머니즘은 인간이 신이라고 생각하는 자칭 영성가 집단의 사상과 교리를 말하며, 명상을 통해 신인합일 하여 인간이 신이라고 주장하는 모든 사상과 교리를 말한다.

이들은 우주와 만물과 인간은 모두 하나이며, 신적인 것을 갖고 있다고 한다. 그러나 인간은 초월적 신의 신성을 갖고 있는 존재임에도 불구하고 자신이 신이라는 것과 우주의 한 부분으로서 신성을 갖은 존재라는 것을 알지 못하고 있다고 주장한다. 이들은 인간이 신이 되기 위해 만트라를 하며 명상을 할 때, 자아가 사라지고 생각이 정지되어, 초자아의 무아경이 되는 의식의 변화가 일어나면, 그때 신이라고 불리는 우주에너지가 인간에게 들어와 인간과 합일하게 된다고 한다. 신과 합일한 인간은 우주와 자신이 궁극의 하나이며 일체라는 것을 느끼고 인간이 신이라는 것을 알게 된다는 것이다.

신인합일을 통해 인간이 신이라고 주장하는 사상은 다음과 같다.

① 영지주의 : 영은 선하고 물질은 악하다. 지고하고 초월적인 신은 플레로마라는 영계에 영적 존재와 함께 있으며 물질계와는 아무 상관이 없다. 데미우르고스라는 악한 신이 물질계와 인간을 만든다. 그러나 인간 안에는 플레로마에서 유출된 지고의 신의 영이 깃들어 있

다. 인간 안에 깃든 신의 불꽃이라고 불리는 신성은 육체라는 감옥에 갇혀 신음한다. 초월적 신은 빛의 사자를 파견한다. 파견된 빛의 사자는 인간 안에 지고의 신의 신성이 있다는 지식을 전해준다. 이것이 그노시스다. 그노시스를 얻은 인간은 마법과 신비술을 사용하여 자신 안에 신성을 각성하고, 신과합일을 통해 육체의 감옥에서 해방되어 인간이 신이라는 것을 깨닫게 된다. 그리고 궁극적으로 자신의 고향인 영의 나라로 돌아간다고 주장하는 초대 기독교 이단이었다. 영지주의는 말이 초대교회 기독교 이단이지 이들의 실상은 정통 기독교의 모든 것을 부인하는 사단의 사상이었다. 그래서 교부들은 영지주의에 맞서 사도신경을 만들게 된다. 영지주의는 신인합일을 통해 인간이 신이 된다는 사상의 근원이 된다.

② 이슬람의 수피즘 : 수피는 이슬람의 신비주의를 말한다. 인간이 자아를 상실하고 초자아적 존재가 되어 신과 합일할 때 인간이 신과 하나라는 사상이다.

③ 힌두교 : 브라만이 아트만이라는 범아일여 사상을 주장한다. 즉 인간의 근원은 우주의 근원인 브라만과 동일하기 때문에 인간이 곧 신이라는 사상이다.

④ 불교의 명상가 : 불성은 우주의 근원이며 궁극자다. 인간은 모두 우주의 근원인 불성을 내재하고 있다. 그러므로 인간이 깨닫기만

한다면 인간은 누구나 부처가 된다고 주장한다. 즉 불성을 깨달은 자는 곧 부처가 되기 때문에 인간이 우주의 궁극자라고 한다. 이는 인간이 신이라는 것과 다를 바 없는 것이다.

⑤ 블라바츠키의 뉴에이지 : 뉴에이지란 새로운 시대를 말한다. 이들이 말하는 새로운 시대는 인간이 신이 되는 시대다. 헬레나 페트로브나 블라바츠키는 인간은 고차원적 자아라 불리는 영들의 안내를 통해 접신과 강신을 통해 인간이 신이 될 수 있다고 주장하였다.

⑥ 이와 비슷한 사상으로 기독교에는 관상기도류가 있다.

이들은 인간이 신이 되는 길로 나아가는 수단이 명상이라고 한다. 이들이 말하는 명상은 인간의식과 생각이 완전히 사라지고, 무아경, 삼매경으로 일컬어지는 무아지경의 상태에 이르면 신적 에너지를 받아들여 신과 합일하는 수단이며 명상을 통해 신인합일의 체험을 함으로써 인간이 궁극적으로 신이라는 것을 알게 된다는 것이다. 그러나 명상은 세상말로 하면 인간이 귀신들리기 딱 좋은 상태가 되는 것을 말한다. 귀신들리기 딱 좋은 상태인 명상이 절정에 이르면 이러한 행위를 하게 했던 귀신이, 인간 몸에 접신을 하여 신내림을 한다. 이들은 이러한 접신과 신내림의 현상을 영적 안내자가 자신들에게 임한 것이라고 한다. 영적 안내자가 임하면 영적 안내자가 인간이 신이라는 것을 세상에 전하라는 계시와 함께 인간이 신이라는 것을 알게 해주고, 그것을 확신할 수 있는 영적 체험을 하게 해준다고 한다. 그러나 여기서 영적 안내자란 말이 좋아 영적 안내자이지 강신한 영으로, 이들에게 접신하여 신내림을 감행한 귀신의 세력일 뿐이다. 이러한 영적 실상도 알지 못하는 자들이 영성가이며 명상가이며 자신들이 신과 합일하였고 나아가 신이라고 주장하는 것은 솔직히 한심하다는 생각이 들 정도다.

영적안내자와 접신된 인간은 귀신이 주는 황홀경에 빠져 귀신에게 접신되어 신내림을 받은 자신의 영적 현실을 바르게 직시하지 못한다. 오히려 그들은 신과 합일하여 평화, 기쁨, 사랑, 환희를 느끼는 것을 더욱 갈망하지만 그럴수록 더 깊이 악한 영에게 사로잡히게 된다. 그러나 그들은 자신들은 여전히 우주와 합일하고 있으며 나아가 신이 되고 있다고 착각한다.

세상에 존재하는 모든 것은 힘이다. 힘은 서로 대결하기도 하고, 조화를 이루고, 협조하기도 한다. 힘은 서로 상호작용하는 데 강한 힘이 약한 힘을 사로잡고, 이용하는 것이 세상의 이치다. 그러나 강한 힘이 약한 힘을 사로잡을 때도 힘의 대결은 존재한다.

약한 힘이 강한 힘에게 사로잡히기를 강하게 거절하면 강한 힘도 힘을 많이 사용해야 약한 힘을 힘겹게 제압할 수 있다. 이것이 바로 세칭 무속이라고 일컫는 강제적 샤머니즘에서 영이 인간의 영, 육을 사로잡는 과정이다. 대표적 모습이 바로 신병이라 일컫는 무병을 앓는 것이다.

반대로 약한 힘이 강한 힘에게 자발적으로 종속되면, 강한 힘은 손쉽게 약한 힘을 장악하여 자기 뜻대로 이용할 수 있게 된다. 따라서 신이 되고 싶은 인간의 욕망을 이용하여 귀신에게 접신당하는 것을 신인합일이라고 속이며, 궁극적으로 인간이 신이라고 하는 신인합일강신과 명상의 영적 실체는 악령을 초혼하는 자발적 샤머니즘일 뿐이다. 그러므로 명상을 통해 신과 합일하여 인간이 신이라는 것을 아는 것이 인간의 구원이라는 영지주의, 힌두교와 불교의 명상가들, 인도의 요가, 뉴에이지추종자들의 영적 실상은 스스로 신내림을 받고 악한 영에게 장악된 자발적 무당일 뿐이다. 그러나 이들은 종교인 혹은 사상가, 명상가로 포장하여 자신들도 속고, 타인들도 속이는 데 앞장서게 된다.

강제적 샤머니즘의 사제인 무당은 무속의 영으로 인해 강제적인 신내림을 받아 원치 않는 영매의 삶, 무당의 삶을 살지만, 자신들을 신이라고 하지 않는다. 자신들을 영성가로 포장하지 않는다. 자신들의 불운한 운명을 극복하기 위해 목숨을 걸고 다른 종교로 개종하거나, 아니면 불운한 운명에 순복하면서도 나름대로 문제를 갖고 찾아온 사람에게 점이나 굿으로 위로했다고 자신을 위안하며 산다. 그리고 자기의 자식에게는 무속의 영이 가져온 불행이 내려가지 않기를 간절히 바란다.

그러나 자발적 접신을 통해 스스로 무당이 된 신인합일 명상가들은 자기들도 알지 못하는 불분명한 우주를 들먹이며, 명상을 통해 우주와 합일할 때 영적 안내자와 접신하여 신이 된다고 한다. 그리고 다른 사람에게 인간이 신이며, 신이 되는 길을 찾는 것은 인간이 무지에서 깨어나 구원을 얻는 것이라며 자발적 강신의 전도사가 된다.

신인합일을 통해 신이 된다고 하는 이들은 스스로 접신을 통해 무당이 되는 길을 택한 것이다. 이들은 스스로 악령에 빙의되어 자기 인생과 타인의 인생을 망치는 결과를 초래하지만, 자신들은 계시를 받은 선지자이고, 제사장으로서 세상에 인간이 신이라는 것을 전하는 사명을 다하고 있다고 생각한다. 그러나 이러한 기이한 사상은 기독교에도 나타났다. 명상이나 관상을 통해 하나님을 느끼고 그분의 임재 앞에 인간의 참된 자아를 찾겠다는 기독교 명상주의인 관상기도자들과 그들의 사상이 그것이다. 그러나 관상기도자들의 영적 본질은 신인합일 이교적 명상가들과 같다고 할 수 있다. 왜냐면 기독교 관상주의자들은 성경을 통해 하나님을 만나는 길을 회피하고, 이교에서 행하는 만트라를 하며 명상을 통해 하나님을 만나려고 하기 때문이다.

하나님의 방법대로 하나님을 만나는 것이 아니라 이교적 수단으로 하나님을 만나려고 한다면 관상기도자들이 만나는 하나님은 하나님이 아니라 악령일 것이다. 관상기도자들은 하나님을 만나려다가 악령에 접신되어 악령을 하나님으로 체험하고, 결국에 그 악령에게 영과 육이 장악되는 결과를 가져온다. 이것은 스스로 강신을 원하는 신인합일 명상가들이 초래한 자발적 샤머니즘의 영적 실상과 다를 게 없다.

이처럼 자발적 샤머니즘의 본질은 인간을 신이라고 미혹하여 인간을 악령에게 접신시켜 악령화된 육체로 만들려는 사단의 거대한 속임수이며 하나님의 피조물을 신격화하는 것이고, 신과 피조물의 영역과 경계, 질서와 차이를 파괴하는 것이다. 이는 궁극적으로 하나님의 창조세계를 파괴하고 인간을 사단의 종으로 만들려는 사단의 최고의 전략일 뿐이다.

(4) 마법

마법은 인간이 생각하는 것은 실재가 된다고 하는 모든 주장이다. 인간은 누구에게도 자신을 의탁할 필요가 없다. 인간은 자신의 소망을 믿음, 생각, 구상화, 말이라는 수단을 사용하여 자신이 원하는 것을 실재화시킬 수 있다고 한다. 인간은 누구나 자신의 꿈, 믿음, 생각, 구상화, 말을 통해 자신이 원하는 삶을 살 수 있다고 주장한다. 그러므로 궁극적으로 "인간이 신이다"라는 것이 마법의 결론이다.

마법의 본질은 주술이다. 주술은 영과 육으로 구성된 인간이 자신 안에 깃들어 있는 영적 힘으로 자신의 염원을 믿음, 생각, 구상화, 말이라는 수단을 사용하여, 영적 세계의 다른 영들을 협박하고, 조종하고, 끌어들여 인간 자신이 원하는 것을 얻어내려는 인간이 행하는 신비주의 기술이다. 그러나 더 깊은 마법의 영적 실상은 인간 안에 깃든 영적 존재의 염원을 믿음, 생각, 구상화, 말이라는 수단으로 다른 영들을 협박하고, 조종하여, 영의 소원을 인간을 통해 달성하는 영적 조작행위일 뿐이다. 즉 마법은 겉으로는 인간이 영을 조종하여 인간이 원하는 것을 이루는 것처럼 보이지만 실상은 인간 안에 있는 영이 다른 영을 조종하여 인간을 통해 영의 목적을 이루는 영적 조작행위라는 것이다. 마법은 역사상 마법, 오컬트 구상화, 뉴에이지의 인간정신력의 힘, 신사상운동, 적극적이고 긍정적인 사고, 끌어당김의 법칙, 양자역학, 상상력의 힘, 정신혁명 등으로 나타났다. 동양에서는 진언이나 주문, 구상화의 형태로 나타났다.

마법은 기독교에서도 모습을 드러냈다. 기독교의 일부 목사들에 의해 믿음말씀운동, 긍정의 힘, 말의 힘 운동, 예언적 생각과 말로 미래를 선취하자는 영성, 사차원의 영성으로 나타났다. 더욱이 마법이나 기독교의 사차원 영성은 인간이 염원을 갖고 이룰 것을 믿고, 집중적으로 생각하고, 현실인 것처럼 생생하게 그리고, 이룬 것처럼 반복해서 말하면 우주나 혹은 하나님이 반응하여 인간의 염원대로 실재화 시킨다는 점에서 같은 주장이다. 그러나 마법과 사차원 영성의 영적 실체는 욕망을 가진 인간이 자신의 염원을 믿음, 생각, 구상화, 말이라는 수단을 사용하여 영육으로 구성된 만물과 인간을 영적으로 조종하여 물질적 변화를 가져오는 영적 조작행위일 뿐이다.

마법류들과 사차원 영성의 주장대로 인간이 원하는 것을 생각하고, 구상화하고, 말하여 실재화가 된다면 인간은 우주보다 하나님보다 더 큰 존재가 된다. 그들이 말하는 우주와 하나님은 인간에게 종속된 존재가 되고, 인간의 행위에 묶이는 존재로 전락하게 된다. 인간은 자신의 욕망을 이루기 위해 영들을 조작하는 욕망의 노예가 되어버리고 하나님의 피조물답게 살아야 하는 존재 목적을 상실하고, 욕망을 이루고자 신적 존재마저 조종하려는 탐욕의 화신이 될 뿐이다.

마법과 사차원 영성의 가르침대로 한다면 인간과 세상은 만물과 다른 인간의 영을 조작하고, 조종하여 자신의 목적을 이루려 하는 만인이 만인을 조작하는 악의 세상이 될 것이다. 또한 강한 영을 가진 자가 약한 영을 가진 자의 영을 조작하여, 자기의 소원을 이루는 아수라장의 세상이 될 것이다. 그리고 그 영적 결국은 타인의 영을 조작하고 영적 도적질을 행한 죄로 인해 영혼이 파멸에 이르게 된다.

① 기독교의 하나님을 믿는 것
② 강제적 샤머니즘
③ 자발적 샤머니즘
④ 마법

하나님을 믿는 기독교를 제외한 강제적 샤머니즘, 인간이 신이라는 자발적 샤머니즘, 인간이 신이라는 마법은 인간을 파괴하는 악령의 영적 흐름이다. 인간이 이러한 악령의 영적 역사를 받아들이면, 파멸적 삶을 살게 된다. 파멸적 영적 삶은 인간의 운명이 되어 인간의 육적 삶도 파괴한다. 이것이 악한 영이 인간에게 주는 고통스러운 영적 미혹이지만 많은 사람들이 미혹의 흐름에 속거나 동참한다. 사람은 하나님의 택함을 받아 예수님의 보혈로 죄사함을 받고, 성령의 인도하심에 따라 성령으로 거듭나는 영적 삶을 사는 것이 가장 복된 것이다. 성령으로 거듭나는 영적인 삶은 인간의 육적인 삶도 살린다. 생명을 살리고 보존하며 가장 선하게 이끄는 힘, 그것이 기독교의 위대함이며 생명력이다.

4

인간의 삶은 영의 목적의 결과물이다

　인간은 영과 육체로 구성된 존재다. 인간의 몸 안에는 수없이 많은 영들이 살고 있다. 영들은 자신의 존재를 드러내지 않고 인간 몸에 숨어서 인간 삶의 많은 것을 지배한다. 사람의 성격과 삶의 열매, 지금까지 살아온 삶의 결과는 그 사람 안에서 역사한 영들의 행위인 경우가 많다. 인간의 운명이라는 것은 인간에게 역사하는 영들의 목적이 실현되는 것이라고 할 수 있다. 영들도 생존을 위해 인간이나 만물에 깃들어 영의 생존목적대로 인간과 만물을 이용한다. 인간의 행위는 이면적으로는 영들의 행위다. 영들은 인간의 행위를 발생 시켜 인간 안에서 영의 힘을 강화시키거나, 다른 영들을 쫓아내거나, 혹은 외부의 영들을 끌어들이며, 인간을 이용하여 영들의 목적을 달성한다. 그러나 인간은 영들의 행위를 인간 자신의 행위라고 생각한다. 그러므로 인간의 행위 가운데 어떤 것이 인간의 행위인지, 아니면 영이 인간을 이용해서 하는 행위인지, 분별하기는 쉽지 않다. 이것을 분별해 내는 것이 영분별의 능력이라고 할 수 있다.

거라사 지방에 군대귀신들린 사람이 있다. 그는 무덤에 거하였고, 힘이 강하여 누구도 그를 이길 수 없었다. 사람들은 무덤에 거하고, 옷을 찢으며, 소리를 지르고, 쇠사슬을 끊는 광인의 행동을 인간의 행위였다고 생각하였다. 그러나 예수님이 거라사 광인 안에 있는 군대귀신의 정체를 드러내자 무덤가에 거하던 광인의 행동은 그 사람 안에 거하던 군대귀신의 행동이라는 것이 폭로된다. 광인 안에 역사했던 귀신은 군대이며, 강하며, 지역을 장악하였던 지역의 영이었다. 지역의 영이 지역의 하늘에 거한 것이 아니라 인간 몸에 숨어서 지역을 다스리고 있었던 것이다.

예수님께 정체가 폭로된 군대귀신은 광인의 몸에서 쫓겨나면 생존의 근거가 없어지므로, 돼지 떼에게라도 들어가게 해달라고 간청한다. 예수님이 명령하자 군대귀신은 광인에게서 나가 2,000여 마리 되는 돼지 떼로 들어간다. 군대귀신이 돼지 떼로 들어가게 되자 2,000마리의 돼지가 이성을 잃고 호숫가로 뛰어들어 죽게 된다. 만약 예수님이 거라사 광인 안에 숨은 지역의 영이자 군대귀신을 드러내지 않았다면, 사람들은 광인의 행위는 그저 미친 사람의 행위이며, 돼지 떼의 몰살은 그 지역에 기이하고 두려운 일이 일어났다고만 생각할 것이다. 거라사 지방에서 일어난 이 사건의 실상은 지역을 장악한 군대귀신이 하늘에 있었던 것이 아니라 자신의 생존과 지역의 패권을 유지하기 위해, 인간 몸에 몰래 숨어, 인간의 영과 육신을 완전히 파멸시키면서, 자신의 목적을 유지하고 있었던 것이다. 그러나 군대마귀는 예수님께 자기의 정체를 들키자, 살기 위해 돼지 떼에 들어가 돼지 떼를 몰살시켰다. 군대마귀는 자신의 생존을 돼지 떼의 목숨과 바꾼 것이다.

누가복음 13장 10-17절에 등장하는 여인이 있다. 예수님은 이 여인을 아브라함의 딸이라 하셨다. 이 여인은 18년 동안 귀신에게 사로잡혀 앓으며, 꼬부라져 허리를 쓰지 못한 가엾은 여인이었다. 예수님은 안식일에 이 여인을 고치시므로 18년의 고통에서 벗어나는 은혜를 베푸신다. 아브라함의 딸로 불린 여인이 앓았던 것도 꼬부라져 허리를 쓰지 못하였던 것도 육적으로 보면 그저 18년을 병들고, 허리를 쓰지 못하는 고통 속에 산 것으로 생각할 수 있다. 그러나 이 여인의 고통의 실상은 이 여인의 몸 안에 들어와 질병을 준 귀신이 행한 행동의 결과였다. 여인으로 하여금 아프고 꼬부라지고 허리를 쓰지 못하는 삶을 살게 하는 것이 바로 귀신의 행동이며 목적이었던 것이다. 귀신은 질병으로 인한 여인의 고통을 에너지로 먹고 산 것이다. 사람들은 이러한 영적 이면을 보지 못하였지만, 예수님은 인간 삶에 역사하는 영들의 행위를 보시고 인간 삶에 고통의 정체를 폭로하시고 해결해 주신 것이다.

마가복음 7장에는 수로보니게 여인의 귀신들린 딸 이야기가 나온다. 그 딸은 일어나 앉지 못할 정도로 질병의 고통 속에 오랫동안 살았다. 수로보니게 여인은 딸의 생명을 살리기 위해 예수님을 찾아갔고, 자기 딸이 흉악한 귀신에 들렸다고 고백하였다. 예수님은 수로보니게 여인의 딸에게 역사하던 귀신을 쫓아주시고, 딸이 치유되었다고 말씀하신다. 수로보니게 여인의 딸은 매우 위중하여 침대에서 일어나지 못할 정도였는데, 그 질병이 바로 흉악한 귀신의 행위였다는 것이다. 귀신을 쫓아내자 딸은 건강을 회복하였다.

이 말씀들을 통해 인간의 특정한 행위나 상태는 인간의 육적 삶의 결과가 아니라 영적 존재가 인간 안에 침입하여 일으키는 영적 현상이 육체적으로 나타난 것임을 알 수 있다.

마가복음 9장에 귀신들린 소년이 나온다. 이 소년은 심한 경련을 일으키고, 땅에 엎드러져 구르고, 거품을 흘렸다. 사람들은 누구나 소년의 증세는 인간의 질병 증세라고 생각했지만, 실상은 귀신이 소년의 몸을 잡고 일으킨 현상이었다. 귀신은 소년을 죽이는 게 목적이었다. 그래서 소년을 불과 물에 던졌다. 소년은 불에 뛰어들기도 하고, 물에 빠지기도 하였다. 이성이 있는 인간이라면 소년의 이런 행위는 정신이 온전치 못한 소년의 행위라고 보겠지만, 실상은 귀신이 소년의 몸에 들어가 소년을 죽이려고 했던 귀신의 행동, 즉 영의 목적이었던 것이다. 소년이 죽었다면 귀신의 목적은 달성되었을 것이다. 귀신의 목적이 달성되었다는 것은 귀신도 목적을 이룸을 통해 생존한다는 것을 의미한다. 따라서 소년에게 이런 행동을 하여 죽이려고 했던 영의 속성은 죽음의 영이었고, 죽음의 영은 자신의 목적인 소년의 죽음이 이루어질 때까지 소년을 괴롭혔다. 만약 소년이 죽었다면 죽음의 영의 목적은 이루어졌을 것이다. 죽음의 영은 죽음과 죽임을 통해 목적을 이루고 생존하는 것이다. 그러나 예수님을 통해 좌절되고, 오히려 귀신이 쫓겨 나가게 된다.

인간의 삶에 벌어지는 육적인 일들의 실상은, 영적 존재의 행위인 경우가 상당히 많다. 이는 동전의 양면처럼 매우 밀접하여 인간의 행위가 정말 인간의 본래적 행위인지, 영들이 목적을 가지고 인간을 이용해서 벌어진 일인지 알기가 어렵다. 인간의 행위 중 일부는 영적 존재가 인간 안에서 행하는 영적행위이므로, 인간은 의도하든 의도하지 않든, 삶에 영들을 불러들이고, 이용하고, 밀어내는 일련의 행위들을 통해 살아간다. 인간의 삶은 영들로 인해 살아지는 것이라고 정의할 수 있을 정도로 인간과 영적 존재는 유기적으로 긴밀하게 공존하고, 투쟁하며 생존한다.

일부 사상가들은 인간은 영들과 함께 하는 육체화 된 영이라고 정의할 정도다. 그만큼 인간 안에는 많은 영들이 산다. 인간 안에 사는 영들은 수많은 다른 영들과 접촉하며 인간 안에서 영의 목적을 이루는 행위를 한다. 이러한 영들의 행위는 인간의 행위로 나타나므로 사람들은 인간의 행위만 보게 되고 이면에 역사하는 영의 행위를 알지 못하므로 악한 영들에게 속는 것이다.

주술사가 있다. 주술사는 영이 강한 인간이다. 이 말은 주술사는 인간이지만 주술사 안에 있는 영의 힘이 강한 사람이라는 뜻이다. 주술사는 자기 생각, 구상화, 말, 행동, 도구 등을 사용하여 영들을 조종하고, 인간에게 복을 끌어오고, 재앙을 막는 힘을 가진 존재다. 이 말은 인간 주술사가 주술적 행동을 하면, 영들을 조종하고, 복을 끌어오고, 재앙을 막을 수 있다는 것이 아니다. 주술적 행위는 주술사가 하는 것 같이 보이지만, 실상은 주술사 안에 있는 힘을 가진 영이 하는 행위다. 주술사 안에 있는 영의 행동은 다른 영들을 조종하고 끌어오고 이용할 수 있는 것이다. 그러나 마치 인간 주술사가 행동하는 것처럼 보인다.

주술사는 인간이다.

주술사는 영을 조종하여 복을 끌어오고, 재앙을 막는다.

주술사의 주술행위는 인간 주술사의 행위처럼 보이지만 실상은 인간 주술사 안에 있는 영의 행위다.

영은 영을 조종하고 영이 가진 특성을 이용하여 자기 목적을 실현한다.

이것을 영적 조작행위라고 부른다.

영들의 영적 조작행위의 결과는 반드시 만물과 인간의 삶에 나타난다.

모든 인간 안에 영들이 있다. 인간 안에 있는 영들은 영의 생존의 목적을 위해 생각, 구상화, 말, 행위라는 수단을 이용하여 다른 영들을 조종하고, 끌어들여, 영의 목적을 이루기도 한다. 그러나 이러한 행위는 마치 인간이 행동하는 것처럼 보인다. 그래서 유명한 철학자 헤로도투스는 모든 인간은 주술사라고 하였다. 인간은 생각하고, 상상하고, 말하고, 행동하는 존재다. 그러나 인간의 특정한 행동은 실제적으로는 인간 안에 역사하는 영의 행위일 수 있다. 이러한 명제에 바로 설 때 온전한 영분별을 할 수 있다.

20세기에 들어와 세상은 뉴에이지 물결이 넘쳐나기 시작하였다.

뉴에이지는 사단의 최고의 전략이다. 뉴에이지는 세상적으로 멋지고 고양된 모습으로 포장되어 사람들은 거부감 없이 뉴에이지와 친근한 관계를 맺고 살아가고 있다. 뉴에이지의 핵심 사상은 인본주의적 신비주의다. 이것을 한 문장으로 요약하면 인간이 신이라는 것이다. 그래서 뉴에이지란 새로운 시대 즉 인간이 신이 되는 시대를 의미한다. 뉴에이지는 처음에는 종교의 모습으로 나타나지 않는다. 세상에서 인간 중심의 평화와 사랑을 추구하며, 인간의 자기계발과 성공학, 문화, 예술 등의 모든 분야에서 인간 중심의 사상으로 포장하여 사람들에게 전파되지만, 사람들에게 받아들여지면 뉴에이지는 본래 목적인 인간이 신이라는 사상을 드러내며, 사람들을 그 지향점을 향해 이끌어간다.

뉴에이지는 인간에게 인간이 신이라는 것을 알도록 명상이나 요가를 권한다. 명상, 요가, 춤, 약물, 참선 등을 통해 인간이 자기를 한계짓는 자아와 이성, 에고를 완전히 비웠을 때, 자아가 사라지고 자신과 만물의 경계가 사라지는 경지에 이르면, 인간 의식이 초의식으로 변화된다. 인간이 초의식 상태에 이르면 인간 안에 있는 우주의 궁극인 신성을 깨닫게 되고, 우주의 신과 합일하여 인간이 신이 되는 데까지 이른다고 주장한다.

그러나 인간이 명상, 요가, 춤, 참선 등의 행위를 통해 인간의 자아와 이성이 사라지고, 자아와 만물의 경계가 사라지는 의식 차원에 이르면, 인간은 자신 안의 신성을 알게 되고 궁극적으로 우주의 신과 합일하여 신이 된다고 하는 뉴에이지의 주장은 결국 모든 인간을 자발적 무당으로 만드는 결과를 가져온다. 뉴에이지가 제시한 인간이 신이 되는 길은, 인간 스스로 악령을 초혼하여, 자발적 접신을 통해 신내림을 받아 무당이 되는 결과를 초래할 뿐이다. 그 결과는 인간의 삶이 송두리째 무너지고, 악령의 숙주가 되어, 악령의 목적을 이루는 도구가 될 뿐이다. 좀 더 심하게 말하면 악령화된 육체가 되는 것이다.

사람들은 동네 무당이 되는 것은 죽음을 각오할 정도로 거부하면서, 인간이 신이 될 수 있다고 속이며 자발적 무당이 되게 하는 뉴에이지에는 쉽게 속는다. 사단과 악령과 귀신의 세력은 모두 기독교를 적대시 한다. 그러므로 사단이 인간 역사에 조직한 세상의 종교와 종교사상들은 늘 기독교를 적대시한다. 이 세상의 종교와 종교사상 가운데 기독교를 적대시 하지 않는 것은 하나도 없다. 그 중에서도 가장 기독교를 적대시하는 것이 바로 무속의 영이며 무속의 세력이다. 고차원적 무속집단인 뉴에이지 지도자들 역시 기독교에 적대적인 것은 영적으로 당연한 것이다.

뉴에이지 지도자들은 영적 안내자라고 하는 귀신을 부르는 채널링을 행하고 하나같이 영적 안내자라고 하는 가이드영으로 불리는 귀신과 접신하고, 접신한 귀신으로부터 인간이 신이라는 것을 세상에 전하라는 계시를 받았다. 계시를 받은 뉴에이지 지도자들은 세상을 향해 인간이 신이라는 악령의 목적을 전파한다. 이는 에덴동산에서 하와에게 했던 사단의 미혹과 똑같다. 인간의 행위는 인간 안에 있는 영의 행위이듯, 인간이 신이라고 주장하는 뉴에이지 지도자들의 주장 역시 그들과 접신하여 그들을 장악한 악령의 주장일 뿐이다.

다시 한 번 강조하면 특정한 인간의 행위는 실질적으로 인간을 장악한 영의 목적의 발현이다. 따라서 인간이 신이라는 뉴에이지의 주장은 실질적으로 뉴에이지를 장악한 사단의 목적이며 행위인 것이다.

인간은 신이 아니다!
신도 인간이 아니다!

인간이 신이라는 뉴에이지 사상의 영적 본질은 인간으로 하여금 자발적 접신을 통해 신내림을 받고 악령의 숙주가 되어, 악령의 목적의 도구가 되라는 것이다. 그리고 하나님을 대적하고, 하나님이 창조한 세상을 파괴하고, 미혹하며, 비극적 인생을 살라고 하는 사단의 속삭임일 뿐이다.

인간은 신이 아니다.
인간은 하나님에 의해 창조된 피조물이다.
인간에게 가장 좋은 것은 하나님이 창조하셨던 창조 본래의 모습대로, 피조물의 지위를 지키며 사는 것이다.

5

임파테이션과 영터치

A는 2,000년에 강원도에 있는 어떤 기도원을 가게 되었다. A는 집회가 거의 끝날 무렵 기도원에 도착하였는데 마침 기도원 원장님이 돌아다니며 성도들에게 안수기도를 하고 있었다. 그때 마침 도착한 A도 기도를 시작하였는데 기도원 원장님의 안수를 받게 되었다. A는 방금 기도원에 도착하여 기도부터 시작하였기 때문에 기도원 원장님이 어떻게 생겼는지 모르는 상태였는데 기도원 원장이 A의 등에 손을 얹고 기도를 하자 갑자기 방언기도가 나오기 시작하였다. 당시 A는 이미 방언은사가 있었지만, 그 기도원에서 방언기도를 한 것은 아니었다. 그러나 신령하다고 소문난 기도원 원장님의 안수를 받자 자신도 모르게 방언이 터져 나온 것이다. A는 속으로 몹시 놀랐지만, 워낙 기도원 원장이 대단한 하나님의 종이라서 일어난 영적 현상일 것으로 생각하였다.

그리고 다음 날 정식으로 집회에 참석하여 예배를 드리고 기도 시간이 되었을 때 다시 원장님이 돌아다니며 안수기도를 하였다. A는 어제처럼 한국말로 조용히 기도하고 있었는데 원장이 A의 등에 안수기도를 하는 순간 한국말 기도가 다시 방언기도로 바뀌었다. A는 또다시 겪은 같은 현상에 놀라면서 기도원 원장님을 우러러보게 되었다.

만약에 방언은사를 받지 못한 사람에게 이런 현상이 벌어졌다면 그 사람은 기도원 원장님의 안수기도로 방언의 은사가 터졌다고 기뻐할 것이다. 그러나 A는 이미 방언은사를 받은 사람이었다. 도대체 일면식도 없던 기도원 원장이 등에 안수하자마자 A가 방언기도를 하게 된 이유는 무엇일까! 무슨 영적 이치가 있었기에 기도원 원장이 안수하자마자 방언이 터졌을까! 이런 경우 대부분의 사람은 기도원 원장님이 너무 신령하고 영권이 강한 하나님의 종이기 때문에 기도원 원장님의 은사가 전이 된 것으로 생각할 것이다.

능력 있는 목사님이나 부흥사들 혹은 기도원 원장님이 성도들의 머리나 몸에 안수하면 은사가 열리는 경우가 있다. 이런 경우 성령의 기름부음이 임파테이션이 되어 성도 역시 기름부음의 전이로 주의 종과 같은 은사가 임했다고 생각한다.

은사란 인간이 가질 수 없는 초월적인 힘으로, 은사란 영의 힘이며 은사의 성격은 영의 속성이다. 즉 치유의 은사라면 영의 속성이 치유의 영이라는 뜻으로 은사의 작용은 치유의 속성을 가진 영의 힘이 인간의 몸과 정신에 작용하여 질병이란 문제를 해결하는 것을 말한다. 예언은사 역시 미래를 말하는 영의 힘이며 미래를 알게 해주는 영의 속성이 작용하는 것이다. 따라서 은사를 받았다는 것은 그 은사의 성격을 가진 영적 존재가 인간에게 임하여 영적 존재의 힘이 부여되어 작용하는 것을 의미한다.

임파테이션이란 전이 된다는 뜻이다. 영이 이쪽에서 저쪽으로 전이가 되고, 공유된다는 것을 의미한다. 임파테이션은 기도자와 기도 받는 자가 기도 혹은 안수라는 접촉 수단을 통해 서로의 영이 서로에게 들어가고 공유되는 것을 말한다. 좀 더 자세히 말하면 안수기도를 하는 사람은 받는 사람에게 자기의 것을 주겠다는 의미이며 안수기도를 받는 사람은 안수자의 능력을 받겠다는 합의된 영적행위다. 이러한 영적행위가 성립되면 안수기도를 해주는 목사나 기도원 원장 안에 있는 영적 능력과 은사가 안수 받는 자에게 전이되어 공유된다. 이것이 임파테이션이다.

임파테이션이란 A의 영적 능력이나 속성, 은사 등이 B에게 전달되어 공유되는 것을 말한다. 그러나 주로 영이 강한 자의 능력이 영이 약한 자에게 전이 되고 공유된다. 그러나 임파테이션의 문제는 사역자의 영이 성령이 아니며 은사 역시 성령의 은사가 아닐 경우 사역자에게 기도 받는 사람은 악한 영을 전이 받으면서 악한 영의 은사를 성령의 은사로 착각하게 된다는 것이다. 또한 악령에 사로잡힌 사역자와 영이 공유되므로 사역자와 혼의 결속을 가져와 사역자에게 영적으로 묶이는 결과를 가져온다는 점에서 안수나 기도를 통해 임파테이션을 받는 신앙행위는 매우 조심해야 한다. 왜냐면 임파테이션이란 사역자의 영이 피사역자에게 행하는 영적 조작행위의 하나이기 때문이다. 따라서 사역자의 사역이 만약 성령에 의하지 않는다면 영적으로 나쁜 결과를 초래하는 점에서 매우 유의해야 한다.

임파테이션과 비슷하지만 다른 것으로 영터치가 있다.

인간 안에는 인간 자신도 인식하지 못하는 수많은 영이 숨어 있다. 영들은 각각 생존목적을 가지고 특정 속성과 힘을 가지고 있다. 영들은 살기 위해 인간 안에 조용히 숨어서 산다. 그리고 인간을 조종하여 영의 목적을 달성하거나 때론 표면적으로 드러나 영의 생존 목적을 달성하려고 한다. 영의 행동과 목적은 인간의 생각, 말,

행위와 삶의 열매로 나타나게 된다. 따라서 영을 보려면 인간의 생각, 말, 인격, 행위, 삶의 열매를 보면 반추할 수 있다. 그런데 예를 들어 강한 영적 힘을 가진 사람이 기도나 안수를 통해 내 몸을 터치하였을 때 내 안에 숨어 있던 어떤 영이 터치되어 나에게 나타나는 경우가 있다. 이것을 영터치라고 한다. 즉 기도자의 영적 힘이 기도 받는 자 안의 어떤 영을 터치하는 경우 기도 받는 자 안에 숨어 있던 영이 터치되어 그 영의 속성이나 은사가 기도 받는 자에게 나타나는 것을 영터치라고 하는 것이다. 즉 숨어 있던 영이 터치되는 경우 터치된 영의 속성이 인간에게 나타난다는 것이다. 그러나 사람들은 영터치를 알지 못하고 막연히 사역자가 기도를 하였더니 은사가 전이 되었다 혹은 은사가 열렸다고 하는 것이다.

예를 들어 방언기도를 많이 한 사역자 A가 성도 B에게 안수기도를 하자 B 안에 숨어 있던 방언을 하는 어떤 영이 터치되어 깨어나 표출될 수 있다. 이럴 때 성도 B는 자신이 사역자 A의 기도를 통해 방언은사를 임파테이션 받았다고 생각하지만 아니라는 것이다. 이것은 사역자 A의 강한 영적 힘이 성도 B 안에 숨어 있던 방언을 할 수 있는 어떤 영을 터치하여 일어난 일이다. 위에 언급한 기도원에서 기도원 원장에게 기도를 받은 사람이 기도를 받자 방언이 터져나온 경우가 기도원 원장의 은사의 임파테이션이 아니라 기도원 원장이 행한 영터치로 인해 일어난 일이라는 것이다. 즉 기도원 원장의 안수가 이미 방언기도를 받았던 A 안에 있던 방언의 영을 터치하여 방언기도를 터져나오게 한 것이라는 것이다.

임파테이션이란 기도자의 영이 기도 받는 자에게 들어가 다양한 영적 조작을 통해 영적 현상을 일으키는 것이라면, 영터치는 기도자의 영적행위로 기도받는자 안에 숨어 있는 영이 터치되어 그 모습을 드러내는 것을 말한다. 영터치 역시 영적 조작행위지만 영터치는 임파테이션과 다르게 기도 받는 자 안에 숨어 있는 영이 어떤 이유로 인해 터치되어 밖으로 드러나는 것을 말한다. 다만 숨어 있던 영이 은사적 속성을 가졌다면 마치 임파테이션을 받아 은사가 열리는 것처럼 보이게 되는 것이다. 그러나 영터치 역시 기도자의 영적행위가 기도 받는 자 안에 특정 영을 터치하여 특정 영이 표출되는 현상이므로 이 역시 영적 조작행위라고 할 수 있다. 그러므로 임파테이션과 영터치의 근본 성격은 영적 조작을 일으키는 수단이라는 것이다.

그러나 기도를 받는다고 해서 모두 임파테이션 되고 영터치가 되는 것은 아니다. 기도자의 영력이 기도받는자의 영력보다 강할 때 가끔은 인간이 알 수 없는 어떤 이유로 임파테이션이 되고 영터 치가 되는 현상이 일어난다. 그러나 경계할 것은 임파테이션이나 영터치로 인해 영적 현상이 잘 일어나거나 은사가 자주 열리는 성 도를 은혜를 받은 사람, 은사를 받은 사람이라고 생각하지만, 사실 은 이런 사람은 영이 잘 조작되는 영이 약한 사람일 뿐이다.

그러나 기도 받는 사람의 영이 강하면 기도자의 안수나 기도로 인해 임파테이션이나 영터치가 일어나지 않는다. 왜냐면 기도 받 는 사람의 영이 강하기 때문에 영적 조작이 일어나지 못하기 때문 이다. 따라서 어떤 집회에서 은사를 전이 받지 못한 사람들을 은 혜받지 못한 냉랭한 사람이라고 판단하지만, 사실은 그 사람의 영 이 강하여 조작당하지 않았기 때문에 은사가 열리지 않고 은혜가 없는 듯이 보이는 것이다. 역설적으로 은혜를 잘 받는다고 생각되 는 사람은 영이 약하여 조작을 잘 당하는 사람이며 은혜를 받지 못하고 냉랭하다고 생각된 사람이 영이 강하여 조작을 잘 당하지 않는 영적 힘이 강한자일 수 있다. 이러한 분별이 참 중요하다.

임파테이션과 영터치의 공통점은 둘 다 영적 조작을 일으키는 수단이라는 것이다.

차이점은 임파테이션은 사역자의 영적행위가 피사역자의 영에 직접적인 영적 조작을 행하는 것이라면, 영터치는 사역자의 영적 행위가 피사역자 안에 숨은 영을 드러내는 행위라는 것이다.

하나님의 성도는 하나님이 이끌어 가신다.

굳이 사역자에게 기도를 받아 사역자의 영력과 은사를 임파테이션 받거나 혹은 사역자의 기도를 통해 성도 안에 숨어 있는 영을 터치하여 은사나 은혜를 받으려 할 것이 없다. 사역자에게 역사하는 영이 성령이라면 좋지만 대부분 임파테이션이나 안수 사역을 하는 사역자의 영은 그다지 깨끗하지 못하다. 그렇다면 무엇 하러 좋지 않은 영을 임파테이션을 통해 자신에게 들어오게 하거나 자신 안의 영을 터치하여 표출시키는 영적행위를 하여 자발적으로 영적 조작을 당하려 하는가! 사역자의 영에 묶이려 하는가!

하나님의 성령은 성도를 주권적으로 선하게 인도하신다.

성도는 그 인도하심에 따라 살아가면 되는 것이다.

은사와 능력을 받기 위해 안수기도를 통해 임파테이션을 받거나 영터치를 일으키는 것은 오히려 악령의 영적 조작을 부르는 위험한 행위가 될 수 있다. 그렇게 해서 은사가 열렸다고 해도 악령이 주는 악한 은사일 확률이 높으며 악령에 의해 영적 묶임을 가져올 수 있다. 그러기 위해서는 일단 임파테이션과 영터치가 무엇인지 구별할 수 있어야 하며 인위적이고 탐욕적인 마음으로 임파테이션을 구하고, 영터치를 행하는 신앙행위는 악령의 조작과 매임을 초래할 수 있다는 점에서 극히 조심해야 한다.

6
영이 보이는 것은 이미 내 안에 들어온 것이다

영적인 체험이란 사람마다 다양하다. 영적 체험은 개인적 체험이기 때문에 체험한 당사자 밖에 모르며 당사자조차도 정확한 판단을 못 하는 경우가 허다하다. 이것은 영적 체험을 판단하는 영분별의 정확도가 떨어지는 이유가 되기도 하며 분별의 미숙함으로 인해 영적 체험이 오히려 미혹으로 가는 길이 되는 경우도 허다하다. 사역자가 영적 체험을 하였다면, 사역자 자신의 권위를 위해 자신이 체험한 영적인 일에 대해 정확한 분별을 하지 못하면서도 과도하게 의미를 부여하고, 그것을 신앙의 일반화 하는 경우가 많다. 그런 이유로 인해 사역자의 영적 체험에 대한 미숙한 영분별 수준이 수많은 성도를 잘못된 길로 인도하기도 한다. 더욱이 영적 체험을 해석하고, 영분별을 하는 데는 선생도 없고, 정답도 없기 때문에 영적 체험을 한 사람들은 각각 백가쟁명식으로 자기의 체험을 기준 삼아 사역을 하므로 미혹을 당하기 가장 좋은 여건이 만들어지는 것이다.

그러나 영적 체험을 분별하는 통찰력과 실력은 분명히 존재할 것이다. 영적 현상을 정확하게 해석하며 미혹의 세력의 행위를 밝히는 능력이 있느냐, 아님 영적 체험을 자의적으로 해석하여 미혹의 세력의 밥이 되는가는, 전적으로 사역자 자신의 실력이며 몫이 될 것이다. 영적 현상에 대해 정직히 대면하고 끝없이 사유하고 연구한다면, 비교적 바른 해석을 할 수 있게 된다. 그러한 태도는 타인의 체험에 대해서도 바른 분별로 이끌어 줄 준비는 되어 있다고 봐야 한다. 온전한 영분별을 하려면 사역자에게 많은 경험과 공부, 통찰과 정직함이 요구된다.

몸이 아팠던 A집사는 치유를 받기 위해 지방에 한 교회에 다니게 되었다. 그는 치유은사가 있다는 교회에 다니기 위해 그곳에 다세대 주택 지하에 월세를 얻어 교회를 다니며 신앙생활을 하고 있었다. 그해 12월 어느 날, A집사는 자려고 누웠는데, 금부처 환상이 공중에서 내려왔다. A집사는 평소 환상을 보는 사람이 아니었기 때문에 갑자기 일어난 이러한 현상에 놀랐는데, 그 환상이 사라지자 갑자기 전에 없던 감정이 생기기 시작하였다. 돈에 대해 근심이 생겨나고, 돈에 대해 걱정을 하며 좌불안석이 된 것이다.

A집사는 금부처 형상을 보고 난 후 갑자기 돈에 대해 극도의 염려가 생겼다. 그는 몸이 좋지 않아 제대로 걷지 못했지만, 12월 눈발이 날리는 새벽녘에 살고 있던 다세대 주택에서 한 정거장 떨어진 마트에 ATM기에 가서, 신용카드의 예금 잔액을 확인했다고 한다. '카드에 돈이 없으면 어쩌지?', '돈이 예상한 금액보다 적으면 어쩌지?' A집사의 돈에 대한 걱정은 전에 없던 감정이었다. 신용카드 잔액을 확인한 A집사는 비로소 안심하고, 집에 돌아와 잠을 청하면서도, 자신이 갑자기 돈에 대해 걱정을 하게 되었고, 안절부절못하고, 그 새벽에 신용카드에서 예금 잔액을 확인하려는 마음이 들었는지 의아해하였다.

그리고 다음 날 교회에 가서 기도하는데, 기도 중에 새벽녘에 나타났던 금부처 형상이 다시 나타났다. 평소 기도를 많이 해도 환상이 열리지 않았던 A집사에게, 금부처 환상의 연속적 등장은 의아스러운 일이었지만, 그는 금부처 환상을 마음의 눈에 담고 대적기도를 하였다. 마침내 금부처의 목을 기도로 쳐서 날리게 되자 기도가 저절로 마쳐졌다. 이해할 수 없는 일이었지만 A집사는 금부처 환상에 대해 곧 잊어버렸고, 돈에 대한 걱정도 더 이상 생기지 않았다.

그러던 어느 날 대단한 은사를 지닌 B집사가 A집사에게 와서 하는 말이 C장로가 돈 욕심을 부릴 때마다 C장로에게서 불교의 영이 보인다고 하였다. A집사는 B집사에게 "C장로가 돈 욕심을 부릴 때마다 정말 부처의 영이 보이냐?"라고 물으면서 B집사의 놀라운 은사를 부러워하였다. 그러면서 A집사는 며칠 전 자신에게 일어난 금부처 환상을 이야기하였다. 자신도 금부처 환상을 본 후로부터 돈에 대해 안절부절못하고 걱정이 되었다고 이야기를 해주었다. 이야기를 들은 B집사는 피곤하다고 하면서 잠깐 자겠다며 잠을 자고 일어난 후에, A집사에게 "혹시 금부처의 목을 치지 않았냐?"라고 물어보았다. A집사는 "금부처의 목을 쳤다"라고 말을 하였더니 B집사가 말하길 "자다가 꿈을 꾸었는데 C장로의 목이 없는 꿈을 꾸었다"라고 하였다. 두 사람은 무척 놀랐다.

이 이야기의 결론은 A집사가 본 환상은 C장로 안에 역사했던 금부처의 영이었고, 기도로 싸운 것은 C장로에게 역사한 금부처 영이었던 것이다. C장로 안에 역사한 금부처 영은 돈에 대해 욕심이 많고, 돈에 집착하게 하는 영이었다. 이 영의 행위로 인해 C장로는 돈에 대해 근심과 욕심이 평소에 많았던 것이고, C장로가 돈에 대해 근심하고 욕심을 낼 때마다 신령한 B집사의 눈에 부처의 영이 나타난 것이다.

즉 C장로가 돈에 대해 근심하고, 욕심을 내게 한 존재는 C장로의 인격이 아니라 그 안에 역사한 금부처 영의 감정이었고 목적이었던 것이다. 그리고 하나님이 C장로에게 역사하는 금부처 영을 쫓아주기 위해서, A 집사를 통해 기도하게 하고 쫓아내어 준 것이다. 중요한 것은 A집사에게 금부처 영이 나타났을 때, A집사 역시 C장로처럼 똑같이 돈에 대해 욕심을 부리고 근심하게 되었다는 것이다.

이 사건은 사람의 특정 행위나 감정, 생각은 그 사람 안에 역사하는 영의 목적이며 행위라는 것을 의미한다. 동시에 특정 영이 환상이나 꿈에 나타나면 그 영적 존재는 나타나서 보인 것에 그치는 것이 아니라, 환상이나 꿈을 꾼 사람에게 이미 들어왔다는 것을 의미한다. 영이 인간 안에 들어오면 인간의 감정이나 생각은 자신 안에 들어온 영의 목적과 행위, 감정이 나타나는 통로가 된다. 사람의 마음이나 눈에 영이 보이는 것은 이미 그 사람 안에 들어온 것이고, 들어오면 인간의 몸이나 감정은 그때부터 그 영의 감정과 힘에 영향을 받게 되고, 그 영의 의지와 힘과 목적과 행위대로 살게되는 것을 의미한다.

꿈도 마찬가지다. 꿈에서 어떤 영과 사건을 보는 순간, 이미 영과 사건은 내 안에 들어온 것이다. 그때부터 인간의 영육에는 그영이 주는 감정과 현상들이 벌어지게 된다. 인간은 그때부터 자신이 알든 모르든 그 영의 목적과 의지대로 생각하고 감정을 갖고 말하고, 행동하게 된다. 꿈에서 보았던 사건들은 시간이 흐르면 반드시 인간 삶에 나타난다.

본다! 꾼다! 받아들인다! 들어온다! 그러면 들어온 존재의 행위대로 살게 된다. 이것이 육적 삶을 사는 인간의 영적 현실이자 육적현실이다. 이것을 분명히 안다면 수많은 잘못된 영분별에서 벗어날 수 있다.

일부 목사님들은 방언기도를 매일 같이 많이 하면, 영계를 열 수있다고 말한다. 자신들이 하루에 4-5시간씩 매일 같이 몇 년을 기도하자, 어느 날 하늘이 열리고 영계가 열리며, 환상이 보이고, 계시가 들려오면서 신령한 은사가 나타났다고 한다. 이런 경우 많은 사람들은 어떤 사역자가 오랫동안 매일같이 방언기도를 많이 하니까 영계가 열리고, 하나님이 그 사역자에게 은사를 주시고, 그 사역자의 사역 방향을 제시한 것이라고 해석할 것이다.

그러나 다른 차원의 분별을 해야 한다. 인간은 영과 육으로 구성된 존재다. 인간은 육적으로만 되어 있지 않다. 이 세상 만물도 눈에 보이는 물질적 존재지만 물질적 존재로만 구성된 것이 아니다. 거기에는 수많은 영들이 깃들어 있다. 그리고 영들은 힘을 가지고 영들의 목적을 이루기 위해 인간과 만물을 자기 영역으로 삼아 생존하고 있는 것이 만물과 인간이 존재하는 물질적, 영적 현실이다.

이는 다른 말로 하면 인간과 자연만물은 물질계이면서 동시에 영계라는 것이다. 따라서 사역자가 방언기도를 많이 했더니 하늘이 열리고, 영계가 열리고, 하나님의 계시가 들려오고, 은사가 왔다는 천편일률적 해석은 잘못된 것이다.

이러한 간증을 해석할 때는 반드시 다음을 기준으로 분별해야 올바른 영분별을 할 수 있다.

위 사역자의 사례에 대한 바른 영분별은 사역자가 방언기도라는 영적 기도를 통해 자기 안에 있는 영을 활성화시켰고, 사역자 안에 숨어 있던 영이 환상으로 나타나서 그 사역자에게 계시를 주고, 은사를 준 것으로 해석해야 한다. 또는 방언기도를 통해 인간과 만물과 공중에 역사하는 어떤 영을 끌어당겨 그 영이 나타나서 계시와 은사 같은 것을 준 것으로 해석하는 것이 영분별 해석의 기초가 될 것이다. 따라서 이러한 사례는 사역자가 방언기도를 많이 해서 영계가 열리고, 하나님이 은사를 주신 것이 아니라, 어떤 영과 접촉되어 일어난 일인 것이다.

대부분의 사람들은 매일같이 하나님께 방언기도를 하니까 성령이 하늘을 열어주고, 계시를 주고, 은사를 주었다고 생각하지만 아니라는 것이다. 이것은 인간과 만물, 공중 어디에선가 기도의 내용과 비슷한 영이 연합되어 환상으로 나타나 사역자에게 계시와 은사를 준 것이다. 이는 영계를 연 것도 아니며, 성령을 받은 것도 결코 아니다.

① 기도 중에 어떤 영이 환상으로 나타났다.
② 나타난 환상의 영은 이미 기도하는 사람 안에 들어온 것이다.

③ 하늘이 열리고, 영계가 열렸다.

④ 계시와 은사가 임했다.

⑤ 기도자는 자신이 받은 계시와 은사를 하나님으로부터 받았다고
생각한다.

⑥ 여기가 모두 악령에게 속는 포인트다.

⑦ 기도자가 받은 계시와 은사는 바로 기도 중에 환상으로 나타난
영으로부터 받은 계시이며 은사다.

기도하는 가운데 환상이 열려 영을 보고, 계시를 받거나 은사를
받는 것은 영계를 연 것이 아니다. 기도를 통해 기도자 안에 숨어
있는 영의 활성화 혹은 끌어당겨진 영의 목적에 따라 환상으로 나
타나고, 환상으로 나타난 그 영의 목적이 계시되고, 목적을 이룰
수 있는 수단으로 은사가 주어진 것이다.

그러므로 기도 이후 기도한 사람의 삶에 나타난 영적 변화와 계
시, 감정과 은사 등은 기도하여 영계가 열려 성령으로부터 받은 것
이 아니다. 이러한 영적 현상은 기도를 통해 자신 안에 숨어 있는 영
의 투사이거나, 아니면 기도를 통해 끌어당겨졌거나, 인간이 알 수
없는 이유로 인간 안에 모습을 드러낸 특정 영이 기도자에게 들어와

환상, 꿈, 계시와 은사 등의 영적 조작을 통해 나타난 행위인 것이다.

　기독교 이단의 한 세력이었던 여교주가 있다. 과거 그녀는 자식이 아파 기독교로 개종하여 열심히 기도하였다. 아이가 병에서 치유되자, 이 여인은 더욱 신앙생활과 기도에 매진하였다. 그러던 어느 날 하늘이 열리고, 하늘에서 계시가 내려오게 된다. 하늘에서 들려온 계시는 그 여인이 하나님이 이 땅에 보낸 구세주라는 것이다. 그러자 그 여인은 그때부터 자신을 구세주로 선포하며, 교회를 미혹하다가 결국 말년에 불교의 이름으로 사역하다가 생을 마감하였다.

　이 사례를 분석하면 이 여인이 기도 중에 영계가 열리고, 환상으로 보았고 믿었던 하나님과 하나님의 계시는 여인 안에 이미 있던 불교의 영이 행한 일이었다. 그러나 이러한 영적 분별을 전혀 하지 못한 여인은 자신이 하나님께 기도하였기 때문에 자신에게 나타난 영과 계시, 은사가 모두 하나님으로부터 왔다고 생각하였다. 여인은 기도 중에 하늘에서 임한 계시로 인해, 자신이 하나님으로부터 구세주 사명을 받았다고 확신하였지만, 실상은 그 여인 안에 전부터 숨어 있는 불교의 영의 속임수였던 것이다. 여인은 불교의 영에 속아 자신을 구세주로 착각하고, 교회를 파괴하고, 성도와 자신의 인생을 파괴하는 불교의 영의 목적의 도구가 되어 평생을 살게 된 것이다.

자칭 구세주라고 참칭했던 이 여인은 일견 볼 때 단순한 이단의 여교주이지만 이 여인의 영적 행적을 보면 다음과 같다.

① 기독교를 믿지 않던 한 여인의 아들이 불치병이 들었다.

② 아들을 살리기 위해 이 여인은 기독교로 개종한다.

③ 기독교로 개종한 여인은 날마다 교회에 나가 충성하였고, 아들의 병을 고쳐달라고 기도하였다.

④ 여인의 아들은 기적처럼 여인의 기도를 받으신 하나님(?)으로부터 치유를 받았다.

⑤ 아들의 병이 치유된 여인은 기독교를 열심히 믿고, 교회에 충성 봉사하며, 날마다 기도생활에 매진하였다.

⑥ 그러던 어느 날 하늘이 열리고, 영계가 열리며, 하나님의 음성이라고 믿어지는 음성이 들려왔다. 이 여인에게 들려온 음성은 이 여인이 하나님이 보내신 구세주라는 것이다. 타락한 기존 기독교를 개혁하고 새로운 하나님의 나라를 세우라는 것이었다.

⑦ 여인은 그때부터 자신을 구세주로 선포한다. 자신이 하나님께 받은 은사를 가지고 많은 지지자와 함께 별도의 교단을 세우고, 자기

들만의 교리를 만들고, 종교의식도 만들고, 세력을 확장하며 기존 기독교를 대적한다.

⑧ 수십 년을 사역하였지만, 구세주가 되지 못한 여인은 신도들과 함께 계룡산에 들어가 세상말세를 대비한다.

⑨ 여인은 계룡산에서 사역하던 말년에 불교의 특정 영의 이름을 부르며 사역의 종말을 맺고 생을 마친다.

이것이 자칭 구세주라 칭했던 한 여인의 일생이다.

이 여인은 기독교로 개종하여 아들의 병을 고쳤다. 여인은 하나님께 기도하였으므로, 하나님이 고쳐주었다고 생각하였다. 아들이 치유받자 더 열심히 기도하던 중에 하늘이 열리고, 하나님으로부터 계시를 받지만 결국 불교의 영을 부르며 비참한 생을 마쳤다는 것이다.

그렇다면 이 여인의 아들을 고쳐준 존재는 과연 하나님이었을까? 아니었다. 그럼 어떤 영이 고쳐준 것일까? 바로 이 여인의 일생을 기독교를 대적하고, 수많은 성도를 미혹하며, 비참하게 생을 마치게 하였던 불교의 영이었을 확률이 높다는 것이다.

이 여인이 불교의 영에게 미혹 당하여 파멸적 인생을 살게 된 과정을 추적해 본다.

① 이 여인 안에 숨어 있던 불교의 영이 아들에게 불치병을 주었다.

② 교회로 들어가게 하여 하나님인 것처럼 포장하여 아들의 불치병을 고쳐준다.

③ 이러한 속임수를 행하여 여인으로 하여금 더 열심히 신앙생활과 기도하게 만든다.

④ 어느 날 영계를 열고, 하늘을 열어 구세주라는 거짓 계시를 준다.

⑤ 여인에게 그 모든 것을 하나님의 행위로 믿게 한다.

⑥ 그러나 실상은 이 여인 안에 있던 불교의 영의 행위였다.

⑦ 그 여인은 하나님으로 가장한 불교의 영의 목적대로 기독교를 파괴하고, 성도를 미혹하였고, 여인의 삶도 파멸적으로 끝낸다.

⑧ 불교의 영은 이 여인의 삶의 마지막에 자신의 존재를 드러낸다.

⑨ 여인이나 여인을 따르던 모든 사람들은 자신들은 여전히 하나님이 주신 구세주 사명을 감당한다고 믿었고 오늘날에는 이들을 기독교 이단이라고 한다.

⑩ 그러나 이 모든 일은 이 여인에게 역사한 불교의 영의 행위였다.

자칭 구세주라며 이단 교주행세를 한 여인은 불교의 영의 목적대로 살다가 세상을 마친 것이다. 불교의 영이 이렇게 교묘하게 이 여인과 그 가정과 다른 사람들의 영혼을 파괴한 것이다. 오늘날 기독교에서는 여전히 이 여인을 기독교 이단의 교주였다고 판단한다. 그러나 이 여인의 영적 실상은 불교신자였던 것이다.

이러한 사례는 영의 모습이 보이고, 계시가 들리면 그때 그 영이 내 안에 들어와서 그 영의 주는 계시와 은사대로 행동한다는 것을 분명히 보여주고 있다. 그럴 때 사람들은 자신이 믿는 종교의 신이 라고 믿는다. 사단은 사람들의 이러한 종교적 확신을 이용하여 인 간을 유린하는 것이다.

성도는 반드시 내가 지금 하는 영적행위가 바로 내 안에 영의 행 위라는 것을 알아야 한다. 그래서 내가 하는 행위가 정말 하나님 의 자녀다운 삶에서 합당한지 아닌지를 반성하고, 철저히 회개하 는 바른 영분별에 서지 않으면 귀신의 앞잡이가 되는 것은 시간문 제다. 이것이 영분별의 중요한 잣대가 된다.

금식 중에 환상이 열리고, 영계가 열리고, 하나님의 계시를 받 고, 은사를 체험하며, 문제가 해결되었다는 사람들이 있다. 그때부 터 금식은 그 사람의 신앙생활의 모든 것이 된다. 그러나 금식은 하나님께 회개나 자기를 낮추기 위해 하는 종교행위이지, 영계를 여는 행위는 절대 아니다. 오히려 음식을 먹지 않는 육체의 연약함 속에 영들이 얼마든지 영적 조작을 일으킬 수 있다. 이때 일어나는 영적 조작행위를 마치 영계가 열리고, 하나님의 은혜가 임했다고 착각하는 것이다.

금식 중에 환상이 열리고, 흉악한 사단의 모습을 한 영이 나타난다. 금식 기도자는 기도 중에 자신이 그 흉악한 사단을 쫓아내었다고 한다. 금식기도를 한 사람은 금식을 통해 영계가 열리고, 사단을 보았고, 성령의 능력으로 사단을 쫓을 힘을 받았다고 생각한다. 그러나 거기에서 모두 속는 것이다. 이것은 사단의 속임수였다. 그러나 사단의 속임수를 알지 못하고 금식 중에 영계가 열리고, 사단이 쫓겨나는 것을 본 사람들은 그때부터 금식은 영계를 열고, 하나님의 뜻을 알고, 마귀를 이길 수 있는 흉악의 결박을 풀 수 있다고 굳게 믿는다. 이것이 사단이 행하는 교묘한 궤계인 것이다.

기도나 금식, 찬양, 예배, 말씀, 헌금 등은 하나님의 자녀가 마땅히 행할 경건한 신앙행위의 일부일 뿐이지, 이러한 행위가 영계를 열고, 영적 존재를 대적하고, 영적 존재를 이용하고, 하늘 문을 여는 수단이 절대 아니다. 마땅히 해야 하는 경건한 신앙행위가 목적이 깃든 것이 될 때 사단이 하나님처럼 가장하여 속일 수 있는 가장 좋은 수단이 된다.

영적 꿈을 꾸거나, 꿈에 악한 마귀를 내어 쫓는 환상을 보거나, 아니면 일상생활 가운데 나도 모르게 환상을 보거나, 안수 기도를 받고 난 후에 어떤 영의 환상을 보거나 계시를 받는 것은 이미 내 안에 들어와 있던 영이 투사되었거나 안수를 통해 새롭게 다른 영들이 들어와서 일으킨 것으로 생각해야 한다. 그러므로 꿈이나 환상을 통해 아무리 좋은 것이 보였다고 해도, 그것은 영적 존재가 내 안에 들어온 것이기 때문에 영적으로는 좋은 것은 아니다. 영이 들어오면 내가 그 영의 힘과 의지, 목적과 생각대로 살기 때문이다. 그러므로 내게 보인 영과 환상, 계시를 무조건 성령이라고 간주하지 말고, 반드시 대적하여 물리쳐야 한다.

그러므로 이제부터는 누가 기도했더니, 누가 예물 드렸더니, 누가 금식했더니, 영계가 열리고, 영적 존재가 나타나고, 계시를 주고, 은사를 주고, 삶이 변화되었다고 한다면 그것은 그가 신앙생활을 열심히 하여 하나님이 주신 은혜라고 판단해서는 안 된다. 그런 현상은 성도의 영적행위를 통해 그 성도 안에 존재하였던 어떤 영이나 영적행위를 통해 들어온 어떤 영이 일으킨 영적 현상이라고 파악해야 한다. 그 영이 어떤 영인지 분별하려면 그 영으로부터 받은 것으로 짐작되는 계시, 계시의 내용, 은사, 은사의 내용을 보면 알 수 있다. 그리고 은사를 사용하는 내 마음과 태도를 살펴보면 그 것을 준 영의 실체를 대충 파악할 수 있다.

영이 들어온 것은 인간에게 좋은 일이 아니다. 영이 준 계시와 은사가 좋아도 무턱대고 성령이라고 생각하지 말아야 한다. 보이는 영, 나타난 영은 무엇이든 내 안에 들어왔고, 영이 들어온 것은 좋은 것이 아니니 대적하여 쫓아내야 한다. 그리고 영들이 주었던 계시와 은사가 좋아도 반드시 거절하고, 대적하여, 소멸시켜야 한다. 이러한 것에 바른 정의가 없기 때문에, 자신이 받은 은사와 계시를 모두 하나님의 것으로 착각하므로 악한 영의 도구로 쓰임 받은 경우가 너무 많은 것이다.

보이는 영은 들어온 것이고, 이후 나타난 계시, 은사 등의 영적 현상은 보였던 영이 들어와서 하는 행위다. 이렇게 분별하면 비교적 정확한 분별일 것이다. 바르고 깊은 영분별의 능력을 갖출 때 수많은 영적 현상의 거짓과 미혹에 속지 않는다.

7

성령의 행위와 무속마법의 행위의 비교

자연만물과 인간, 그리고 이 세상에 존재하는 모든 것은 힘 즉 에너지로 구성되어 있다. 영적 존재인 영들도 에너지로 구성되어 있다. 인간, 만물, 영적 존재는 생존해야 하는 존재이며, 생존을 위해 투쟁하는 존재다. 생존이라는 목적을 위해 욕망을 갖고, 생각하고, 행동하기에, 영과 인간, 만물은 관계를 맺으며 접촉하고, 공생하기도 하고, 파멸시키기도 한다. 영은 인간 안에 깃들어 살면서 인간 삶의 많은 부분에 영향을 끼치고 인간 밖에서 존재하는 영들도 인간 안에 들어오기도 하고, 밖에서 인간 삶에 많은 영향을 주기도 한다. 영이 인간에게 절대적인 영향을 미치기 때문에, 영의 목적대로 살아가는 것이 인간의 실존이다. 중요한 것은 영과 인간의 관계의 주도권이 전적으로 영적 존재에게 있는 것이다.

영은 살기 위해 인간을 이용한다. 그러므로 인간은 삶의 많은 부분에서 영의 감정대로 생각하고, 영의 목적대로 생각하고, 행동한다. 인간에게 역사하는 영들은 동전의 양면처럼 인간과 밀접한 관계를 맺고 상호 작용한다. 그래서 영이 시들면 육체도 시들고, 영이 병들면 육체도 병들고, 영이 치유되면 육체도 치유되며, 영이 바뀌면 육체도 바뀌게 된다. 이는 인간의 삶은 자신 안에 들어온 영의 모습과 목적대로 살아가게 된다는 것을 의미한다. 따라서 인간의 행위는 영적행위이고 영적행위는 육체적 행위로 나타난다. 반대로 인간의 육체적행위는 인간에게 역사하는 영들에게 영향을 주기도 한다. 이러한 모습으로 살아가는 인간의 삶을 인간의 운명 혹은 숙명이라고 한다.

운명과 숙명은 바뀔 수 있을까?

운명과 숙명은 잘 바뀌지 않는다. 그러나 인간을 지배했던 영을 쫓아내고, 다른 영으로 바꾸면, 인간의 운명과 숙명은 달라진다. 따라서 영을 바꾸지 않는 타로점치기, 신점보기, 무당의 굿, 사주팔자 풀이, 작명, 관상풀이 등으로 운명을 바꾼다고 하는 것은 모두 허구인 것이다. 영을 바꾸는 것이 운명이라면 운명이 되는 영을 어떻게 바꿀 수 있을까?

인간 안에 있는 영의 행위를 바꾸면, 인간은 운명을 바꿀 수 있다. 인간 안에 있는 영의 행위란 지금 내가 사는 나의 마음, 습관, 인격, 생각, 말, 행동, 지금까지의 삶의 열매가 바로 영의 행위의 모습이며 열매라고 보면 맞는 말이다. 그러므로 내가 사는 나의 마음, 습관, 인격, 생각, 말, 행동 가운데 하나님 보시기에 합당하지 않은 죄악된 것에서 돌이키는 것이 회개이며 동시에 영을 바꾸는 일이다. 그것은 운명을 바꾸는 일이기도 하다.

그리고 인간 안의 영을 바꾸는 수단이 또 하나 있다. 가장 많이 사용되는 것이 바로 영의 조작이다. 예를 들어 병이 들었을 때 "나는 나았다", "나았다", "병은 없다", "없다"라고 선포한다. 그러면 병을 가지고 온 영이 힘을 잃게 된다. 병을 가지고 온 영의 힘이 약해지면, 영이 가져온 물리적 결과인 병은 힘이 줄어든다. 질병의 영이 사라지면서 병도 치유되게 되는 것이다. 이것이 바로 인간 자신 안에서 행하는 내적 조작행위다. 인간은 자기 안에 존재하는 영에 대한 내적 조작을 통해 운명과 삶을 바꿀 수 있다. 운명을 바꾸는 영적 조작행위의 구체적 수단이 바로 인간의 염원, 생각, 구상화, 말, 행동이다.

예를 들면 기도에 대해 생각해 볼 필요가 있다. 기도란 인간의 염원이 간절하게 생각으로 표출되고 궁극적으로는 말로 신에게 표현되는 것이다. 그러면 신이 열납하거나 영들이 조작되어 기도자의 소원대로 문제가 해결되는 원리를 가지고 있다. 기도란 인간이 신에게 말을 하는 것이다. 인간이 속으로 기도하면 침묵기도나 묵상기도이고, 소리를 내면 발성기도이고, 부르짖으며 하면 부르짖는 기도이고, 종이에 쓰면 기도문이고, 무속이나 불교에서처럼 종이에 쓰면 부적이나 영서가 된다. 인간은 신에게 기도라는 형식으로 말을 걸어서 인간의 소원을 간구한다. 결론적으로 기도는 인간의 영력이 깃든 말이나 글로 신의 호의를 구하거나 때론 영들을 조종하는 수단이 되기도 한다는 것이다. 그러므로 모든 기도는 주문의 성격을 내포하고 있다.

그러한 영적 이치로 인해 인간이 자신의 문제를 해결 받기 위해 영적 힘을 가진 사람의 기도문으로 기도하거나, 자신이 만든 기도문을 계속 읽거나, 자신을 위해 주문 같은 말을 계속해서 자신을 향해서 한다. 그럴 때 기도문에 깃든 말의 힘과 기도하는 이의 영적 힘이 문제를 가지고 온 영을 공격하고, 그 영을 대적하는 영적 조작을 한다. 영적 조작이 성공적으로 완성되면 문제를 가지고 온 영이 버티지 못하고 떠나고 문제 역시 같이 사라진다. 이러한 일련의 행위가 바로 자신의 문제나 병을 가지고 온 영들에 대해 직접적으로 가하는 영적 조작행위인 것이다. 이를 통해 영의 힘이 강한 자는 자신 안에 문제의 영을 쫓아냄으로 문제를 해결하고, 병에서 치유되어 운명이 바뀌는 경우를 볼 수 있다. 사람들은 이러한 이치를 알지 못하고 이것을 기적 혹은 초자연적 역사라고 부른다.

인간의 문제는 특정 영이 자기의 생존을 위해 인간 안에 일으킨 악한 영의 결과물이다. 영의 행위의 결과물로 인간의 육체와 삶의 정신적, 물리적 부분을 변화시킨 것이 인간에게 문제라고 불리는 것이다. 그러므로 역설적으로 인간은 누구나 자신의 문제를 생각, 구상화, 말, 행동이라는 수단을 사용하여 맞설 수 있다. 인간은 자신의 영적 힘으로 문제를 가져온 영을 대적할 수 있다는 것이다. 그래서 인간 중에 생각하고, 상상하고, 구상화하고, 말하고, 행동하였더니, 문제를 잘 해결 받는 특정 인간이 나타나는 것이다. 이러한 사람을 기독교에서는 하나님의 응답을 잘 받는 사람. 혹은 하나님께 영권받아 귀하게 쓰임 받는 목사님이라고 생각한다. 그러나 이런 사람은 영력이 매우 강하여 영적 조작을 잘하는 사람이라고 판단하는 것이 영분별의 기초다.

이와 같이 인간은 누구나 자신 안에 내재된 영력을 가지고, 자신의 문제에 대한 내적 조작을 할 수 있다. 더욱이 인간 중에는 매우 강한 영의 힘으로 살아가는 자들이 있다. 이들은 무당 혹은 마법사, 주술사라고 부른다. 이들의 특징은 강한 영적 힘을 가지고 영적 조작을 매우 잘할 수 있는 특이한 인간이라는 점이다.

무당은 영을 초혼하여 자기 몸에 강신 시켜 영의 힘으로 다른 사람의 영을 조작하는 사람이다. 영의 강신행위가 무당이라는 사람을 통해 나타난다. 마법은 인간의 염원, 생각, 구상화, 말, 행동의 힘으로 자기 안에 영을 조작하거나 외부의 영을 초혼한다. 초혼된 외부의 영은 인간 안에서 영을 조작하거나 인간의 소원대로 다른 이의 영을 조작한다.

인간이 영을 강신 시켜 자기 영이나 다른 사람의 영을 조작하여, 인간의 물리적 삶을 바꾸는 것이 샤머니즘이고, 인간 안에 깃든 영력으로 영을 초혼하여, 영을 조작하는 것이 마법이다. 샤머니즘이나 마법행위로 초혼된 영은, 영적 조작행위를 통해 인간의 욕망을 이루어주지만, 결국 인간을 장악하여 인간으로 하여금 욕망의 노예가 되도록 만들고 초혼된 악령의 목적대로 살아가게 만든다.

악령의 도구가 된 인간의 영적, 물리적 삶은 좋지 못하다. 왜냐면 영이 운명이라면 악령에 사로잡혀 악령의 목적이 된 인간의 운명이 얼마나 파멸적이겠는가! 이것의 영적 실상은 영적으로 죽음의 길이다. 이것이 샤머니즘과 마법이 인간에게 주는 영적 결과다.

기독교는 성도가 거룩하신 성령을 초청하지 않아도 성령이 오셔서 인간의 영을 성령으로 거듭나게 해 주신다. 성도가 자기 목적을 위해 성령을 부르지 않으며 성령을 이용하여 자기 영을 조작하거나, 다른 사람의 영을 조작하는 일은 상상할 수 없다. 하나님을 조종하려는 어떠한 시도도 통하지 않는다. 그러므로 기독교 안에서 성령을 초청하는 기름부음의 사역이나 바라보고, 꿈꾸고, 믿고, 생각하고, 생생하게 그리고 반복적으로 말하는 성도의 행위대로 하나님이 응답해주신다는 영성들은 기독교의 가르침이라고 할 수 없다. 성령을 초청하여 능력을 받는다는 기름부음 사역은 기독교적이라기보다 영을 초혼하여 자기 몸에 빙의시키고 영적 조작을 하는 무속적 행위가 될 수 있다. 바라보고, 꿈꾸고, 믿고, 생각하고, 생생하게 그리고 반복적으로 말하면 성도의 행위대로 하나님이 응답해주신다는 영성은 인간 안에 깃든 영력으로 영을 초혼하여, 영을 조작하는 마법과 같을 수 있다는 것을 분명히 인식해야 한다.

기독교 신앙은 인간의 뜻과 힘으로 성령을 부를 수 없고 하나님을 조종할 수 없다. 오직 성령의 뜻과 은혜로 영이 변하여 운명이 바뀌는 생명의 종교다. 나와 타인의 영을 조작하지 않아도 하나님의 사랑과 의지대로 나의 영이 변화된다. 거듭난 나는 하나님의 사랑으로 나의 인생과 이웃을 사랑하며 사는 존재로 바뀌는 사랑과 생명의 종교가 기독교이며 이 일을 이끄시고 완성하시는 분이 성령이시다.

　무속과 마법은 인간 안에 깃든 영의 힘이 스스로 작용하거나 다른 영을 초혼하여, 자기 영이나 다른 사람의 영을 조작하여, 인간의 욕망을 이루려는 시도일 뿐이다. 인간을 끝없는 욕망의 노예로 만들고 무속과 마법의 영의 종으로 만든다. 무속과 마법의 영에 장악당하여 그 영들의 영적 조작행위를 받아들인 인간은 자신과 타인의 영적, 물리적 삶에 큰 문제를 야기한다.

　기독교는 성도가 어떠한 영도 초혼하지 않으며, 어떠한 영적 조작행위도 하지 않는다. 어떤 악한 영의 목적에 끌려다니지 않는다. 오직 성령으로 인해 인간의 영이 변화되어 거룩하시고 선하신 하나님의 형상대로 거듭나 자신과 타인의 영적, 물리적 삶을 살리는 것이 기독교다. 이것이 기독교와 샤머니즘과 마법, 주술의 차이다.

성령에 의해 성화 되는 삶을 살면서 영을 바꾸어 생명의 능력으로 살 것인가!

욕망을 이루기 위해 악령을 초혼하여 영적 조작을 하는 샤머니즘을 따를 것인가!

인간의 영력을 사용하여 생각, 구상화, 말로 영적 조작을 하는 마법을 따를 것인가!

이것이 기독교와 사단에 대한 분별이며 선택의 기로다.

8
영적 조작은 어떻게 이루어지는가!

인간은 영과 육으로 구성된 존재다. 육체가 물질로 구성되어 있다면, 인간의 영은 영으로 구성되어 있다. 그러나 인간의 육신은 음식을 통해 육체가 구성되기도 하지만, 많은 영들로도 구성되어 있다. 육체의 일부가 영으로 구성되어 있다고? 그렇다. 인간의 육체 안에는 많은 영들이 숨어 살고 있다. 이 영들이 인간의 육체를 구성하기도 한다. 영들이 육체를 구성하여 육체의 일부라고? 그렇다! 이건 매우 어렵고 깊은 이야기이지만 사실이다. 또한 만물 역시 물질적으로 존재하지만, 만물에도 영들이 깃들어 있다. 인간과 만물은 물질적 존재이면서 영적 존재이므로, 인간과 자연만물은 각각의 물질계이며, 동시에 영계라고 할 수 있다. 그러나 인간과 만물이 영적 존재이면서 물질적 존재라고 해도, 인간을 지배하는 실질적 힘은 영적 힘이 지배하고 있다고 봐야 한다.

인간과 자연만물은 접촉하며, 서로 유기적인 상관관계를 가지며, 영향력을 행사한다. 이는 인간과 자연만물 안에 깃든 영들 역시 서로 접촉하며, 유기적인 상관관계를 맺는다는 것을 의미한다. 그러므로 인간의 삶에는 영적 존재의 행위가 투영되어 나타나게 되고 인간 안에 깃든 영들의 행위는 반드시 인간의 정신적, 육적 삶에 나타나게 된다. 그러므로 인간과 만물, 영적 존재의 관계는 서로 돕기도 하고, 보호하고, 공생하며, 공존하는 관계로 나타나며 반대로 서로 적대시하며, 공격하고, 이용하고, 파괴하기도 한다. 존재의 공존과 공생, 적대와 파괴적 행위는 영의 목적과 힘의 강약으로 결과를 가져온다. 힘의 강약은 물리적 힘의 강약도 있지만, 동시에 영의 힘의 강약이 있다. 영의 힘의 강약으로 자기 영이나 상대의 영에 대한 조작을 통해 물리적 관계를 바꾸고, 변화시킬 수 있다. 만물과 인간 그리고 영적 존재는 상호 간에 영적 조작이 가능하며, 영적조작은 반드시 물리적 변화를 초래하는 것이 존재의 실존인 것이다.

영적 조작이 행해지면 반드시 물질적 삶에 변화가 온다. 다른 말로 하면 인간의 물질적 삶은 영적행위를 볼 수 있는 거울이라는 것이다. 그러나 영적인 것에 대해 무지한 사람들은 자기 삶의 물질적 변화는, 인생을 살면서 겪는 삶의 우여곡절이라고 생각하지, 삶의 우여곡절이 영의 행위이며 더 나아가 어디선가 행해진 영적 조작일 수 있다는 것은 꿈에도 생각하지 못한다.

만물과 인간은 영육으로 구성되어 있다. 상호관계를 맺고 살아간다. 관계를 맺고 살아가는 형식에는 영적 조작도 존재한다. 영적 조작이 존재한다는 것은 조작하는 존재와 조작을 당하는 존재가 있다는 것이다. 조작자가 피조작자의 삶에 유익을 준다면 그것을 세상에서는 흔히 백주술이라고 부르고, 조작자가 피조작자의 삶에 피해를 주는 것을 세상에서는 흔히 흑주술이라고 부른다. 이익을 주든, 피해를 주든 영의 조작이라는 본질은 같다.

사람이 특정 집단이나 사물, 사람을 받아들였다는 것은 그 존재에게 역사하는 영을 받아들인 것이다. 예를 들면 이단집단에 속한 자를 접촉하면 이단의 영을 접촉하는 것이 되고, 이단에 속한 자의 말을 수긍하게 되면 이단의 영을 수용하는 결과를 가져온다. 이단의 사람에 이끌려 이단집단에 가게 되면, 이단집단의 영에 장악되게 된다. 문제는 여기서부터 발생한다. 이때까지는 이단에 갈 생각은 전혀 없다. 그런데 이러한 접촉을 통해 이단집단의 영에 서서히 장악하게 된다. 그래도 생각을 강하게 먹고 이단집단에 가지 않으려고 맘을 먹을 때 꿈을 꾸게 된다. 이단집단의 교리처럼 새로운 성경이 하늘에서 내려오거나, 새로운 열쇠가 내려오거나, 새 하늘 새 땅이 열리는 놀라운 꿈을 꾸게 되는 것이다. 꿈을 꾼 다음 날 이단집단에 속한 사람이나 그들과 접촉했던 사람에게 전날 꾸었던 꿈 이야기를 하면 그들도 한결같이 비슷한 꿈을 꾸었다고 한다.

그들이 꾸었던 꿈은 비슷하여 어떤 이는 새 하늘이 열리고, 새로운 성경이 내려온 꿈을 꾸었고, 어떤 이는 새로운 열쇠가 내려오는 꿈을 꾸었고, 누군가는 자신의 몸에서 더러운 구더기가 득실거리다가 그곳에 교주가 나타나자 자기 몸에 구더기가 죽고, 자신이 깨끗한 새로운 몸이 되었다는 꿈 이야기를 한다. 어떤 이는 자기 몸이 너무 더러운데, 하늘에서 물을 부어주어 깨끗한 몸이 되어 이단으로 개종하게 되었다고 고백한다. 그 이단집단이야 말로 하나님이 택한 새 하늘, 새 땅이라고 굳게 믿는다. 그들은 신앙이 흔들릴 때마다 자신이 꾸었던 꿈을 상기하며 마음을 다잡는다.

이들이 꾼 꿈의 정체는 무엇일까! 정말 그곳은 하나님이 새롭게 택한 곳이었기에 하나님이 꿈으로 그곳을 계시한 것일까! 그곳은 진정 새로운 보혜사가 오신 진리로 세워진 하나님의 나라인가! 꿈을 꾼 사람들은 그곳이야말로 하나님이 택하신 새로운 나라라는 확신을 가지고 기존 교회를 떠나 이단으로 자신의 신앙 거처를 옮기며, 새롭게 택한 자신들의 종교인 이단집단에 목숨 걸고 충성하기로 다짐한다. 도대체 이들이 꾸었던 꿈은 무엇이며, 이들에게 무슨 일이 일어난 것일까! 결론적으로 말하면 이들은 하나같이 자신들이 꾼 꿈에 속은 것이다.

더 자세히 말한다면 그 꿈을 꾸게 한 이단의 영의 영적 조작에 완전히 조작당한 것이다. 꿈을 꾸고 이단으로 간 사람들은 꿈을 계시한 존재가 하나님이라 굳게 믿었기 때문에 그런 선택을 한 것이다. 그러나 꿈을 꾸게 했던 존재는 하나님이었을까? 아니면 기존 교회 성도를 끌고 가려는 이단의 영의 행위였을까? 결론은 이단을 형성한 이단의 영이 그곳과 접촉한 사람을 꿈으로 영적 조작을 행하여 속였고 분별이 없는 성도들은 이단의 영이 자신의 영에 들어와 꿈이나 환상, 계시 등으로 행한 영적 조작에 속아 이단집단을 하나님의 새로운 나라로 알고 그곳으로 신앙의 거처를 옮기게 된 것이다.

이것에 대한 분별이 없기 때문에, 종교를 가진 사람들은 자기에게 일어난 영적 체험을 무조건 자기가 믿는 신의 행위로 간주한다. 그래서 귀신이 행하는 온갖 영적 조작행위에 무방비로 속아 종교

를 갖지 않는 사람보다 더 악하고 거짓되게 인생을 살게 된다. 영
분별을 바르게 하지 못하면 자신이 체험했던 영적 체험인 꿈, 환상,
계시, 은사, 예언 등으로 인해 신앙과 영육의 삶이 파괴되는 위험
성에 노출될 확률이 매우 높다.

　이단의 영은 이단과 접촉하여 관심을 가졌거나, 망설이는 사람들
의 영에 들어가 꿈을 조작한다. 마치 그곳이 하나님이 택한 새로운
하나님 나라인 것처럼 조작하면, 꿈을 꾼 자들은 조작된 꿈을 하
나님의 계시로 받아들이고, 이단집단을 하나님이 세운 새로운 나
라라고 확신을 한다. 이러한 확신은 꿈에 속은 기존 교회 성도들
을 이단으로 개종하게 하고, 이단집단에 지속적으로 충성하는 신
념의 근본이 되어준다.

　물질을 강요하고 항상 교회에 돈을 바치라고 강요하는 목사와
교회가 있다. 그 교회만 가면 헌금에 대한 감동을 예외 없이 받는
다. 날마다 강대상에서 목사님은 헌금을 심는 것이 하나님께 축복
받는 것이라고 선포하고, 성전 건축 때 헌금하는 것은 축복을 배가
로 받는 일이라고 강조한다. 그리고 어떤 집사가 큰 물질을 드렸더
니 큰 물질을 되받았다고 간증하면서 여러분도 축복의 주인이 되

라며 목사님이 작정헌금을 요구하면 여기저기서 작정헌금을 약속한다. 작정헌금을 약속한 사람들은 하나님께서 감동을 주셔서 약속했다고 한다. 헌금에 부담을 느낀 사람마저 그 교회에서는 꿈이나 환상, 감동이나 음성으로 하나님께 헌금을 요구받는다. 모두 하나같이 하나님의 감동을 받고, 헌금을 하고, 축복을 기다리지만, 헌금을 한 후에 기다려도 약속하신 축복은 오지 않는다.

도대체 헌금을 하도록 꿈을 꾸게 하고, 환상으로 계시하고, 감동을 주며, 음성을 들려준 그 존재는 누구였을까? 하나님이시라면 축복을 주신다는 약속을 왜 지키지 않으시는 걸까? 혹시 하나님이 아니었던 것은 아닐까? 그럼 꿈과 계시, 감동과 음성, 예언은 어떻게 된 것일까?! 헌금에 대해, 돈에 대해 이야기를 하는 교회에서 받은 헌금에 대한 꿈, 환상, 계시, 음성, 예언은 하나님이 행하신 것이 아니라 돈을 강요하는 목사를 장악한 돈 귀신이 행한 영적 조작행위였다고 분별해야 한다.

돈 귀신은 돈을 먹어야 사는 존재다. 그것도 일해서 버는 돈이 아니라 남의 주머니에서 나오는 돈을 먹어야 생존하는 존재다. 돈 욕심으로 가득한 돈 귀신이 어느 시점에 목사에게 들어갔고, 돈 귀신에 사로잡힌 사람이 목사가 되어 교회를 세우게 된 것이다. 돈 귀신에 사로잡힌 목사와 그 목사가 세운 교회에 가면, 목사는 날마다 돈타령으로 교회를 치리하고, 부흥사를 초대해서 돈을 요구하고, 전도사와 장로나 권사를 세워 평신도들에게 허구한 날 하나님의 축복을 받으려면 물질을 심어야 한다고 물질을 요구한다. 그 교회에 속한 자들은 목사나 전도사나 장로나 권사나 집사나 평신도나 심지어는 초대받은 부흥사나 어쩌다 들린 손님 신자나 모두가 헌금이나 돈에 대해 감동을 하게 된다. 이러한 현상이 일어나면 사람들은 하나님께서 그 교회를 축복하시고 목사님을 축복하셔서 헌금하기를 원한다고 착각하게 된다.

그러나 헌금에 대한 감동은 하나님이 주신 것이 아니라 목사를 장악한 돈 귀신이 목사를 통해 교회를 세우게 하고, 그곳에 온 사람들에게 헌금하도록 영적 조작을 행했기 때문에 일어나는 일이다. 돈 귀신이 행하는 영적 조작행위로 인해 수많은 꿈과 환상, 계시를 받게 되고, 음성을 듣고 감동을 받으며 헌금 계시는 예언으로 마무리 짓는다. 목사나 교회에 속한 자들은 그것이 모두 하나님으로부터 온 헌금에 대한 계시라고 생각한다. 그러나 영적 실상은 돈 귀신이 행한 영적 조작행위다. 그것을 하나님의 뜻으로 믿고 헌금을 하는 것의 실상은 돈 귀신에게 돈을 탈탈 털리는 것이다. 이것이 오늘날 헌금 타령하는 교회들의 영적 실상이지만 이런 실상을 아는 이는 거의 없다.

영은 자기 영이나 다른 사람의 영을 조작한다. 영의 조작행위는 너무나 다양해서 열거할 수 없다. 상대방의 꿈, 환상, 감동, 음성, 계시, 예언마저 조작할 수 있다는 것을 명심해야 한다. 영이 조작되면 반드시 조작된 자의 삶에 물질적 변화가 일어난다. 영의 조작이 좋은 행위이면 서로에게 유익하고 이익이 되지만, 악한 조작은 타인의 삶에 대한 도적질이자 강도질이라고 볼 수 있다. 내가 만나는 모든 사람, 모든 사물, 모든 존재는 눈으로는 물질적 존재이지만 배후에 반드시 영적 존재가 있다. 내가 만나는 모든 것은 물질적 존재이지만, 영적 존재가 깃들어 있으며, 물질적 존재 안에 깃든 영적 존재로 인해 언제든지 서로 조작당하고, 조작하여, 물질적 삶에 변화를 일으킬 수 있다. 그러므로 종교 생활을 하는 사람들은 특히 자신에게 나타난 영적 현상을 통해 언제든지 조작당할 수 있다는 것을 늘 분별해야 한다.

사단이 기독교신자에게 영적 현상을 일으키고, 그 현상이 하나님으로부터 왔다고 믿게 하여, 궁극적으로 기독교신자를 사단의 종이 되게 하고, 파멸시키는 것이 사단의 전략이다. 하나님으로 빙자된 사단이 일으키는 영적 현상이 기독교인에게 가장 속기 쉬운 미혹의 함정인 것이다. 하나님의 뜻, 하나님의 감동이라는 미명하에 악한 영이 성도의 영을 조작하여, 영적 현상을 일으키면, 성도는 악한 영의 속임수를 하나님이 주신 것으로 믿고 이단도 가고, 돈 귀신이 장악한 사이비 교회 집단에 재산을 갖다 바치기도 하고, 목사의 탈을 쓴 탐욕스러운 인간에게 영적으로 매여서 평생을 악한 인간에게 종노릇을 할 수 있다.

하나님의 뜻은 성도가 하나님이 보내신 이 땅에서 자유를 누리며 살아가길 원하신다. 하나님의 자녀답게 성화 되길 원하신다. 결코 성도가 이단에 빠지거나, 기독교를 빙자한 거짓의 사람들과 교회로 가장된 사이비 종교집단에 들어가 목숨 바쳐 충성하고, 재산 바치고, 목사의 탈을 쓴 사악한 사람에게 평생 종노릇 하길 원치 않으신다. 그러나 사단은 성도를 멸망시키기 위해 영적 조작을 하여 성도로 하여금 파멸적 삶을 살게 한다. 성도로 하여금 그것이 하나님께 충성하는 길이라고 믿게 하여 계속해서 속인다.

만약 어떤 교회에 갔거나 어떤 목사나 성도를 만났을 때, 그들이 원하는 대로 감동이 오거나, 꿈을 꾸거나, 영적 존재의 음성을 듣거나, 환상을 보거나, 감동이나 예언을 받거든, 하나님이 주시는 것으로 생각해서는 안 된다. 오히려 단호하게 그러한 영적 현상은 그 집단을 장악한 우두머리 영이 주는 꿈, 환상, 계시, 음성, 예언, 감동이라고 경계해야 바른 분별이다.

성령은 성도를 진리로 인도하신다. 그리고 성도에게 알게 하신다. 정직한 영적 대면만이 영을 바르게 분별할 수 있는 시금석이 된다. 교회와 목사 그리고 교회의 성도들의 인격과 가르침, 그들의 행위를 보고 그들에게 역사하는 영을 판단해야 한다. 인격이나 가르침이나 행위가 기독교인답지 못한 이상한 행태를 보이는데도 불구하고 마치 하나님의 감동인양 영적 현상이 주어진다면, 그것은 하나님이 아니라 그 교회와 목사를 장악한 악한 영이 조작하는 영적 조작행위라는 것을 분별해야 한다.

하나님의 음성, 하나님이 주신 꿈, 하나님이 주신 환상, 하나님의 감동, 하나님의 예언이라는 이름 뒤에 숨어 있는 악령의 영적 조작에 더 이상 속지 말아야 한다. 어디를 가던 그 집단의 성격과 그

집단 지도자의 인격과 행동을 보고 영을 분별하고, 그곳 구성원들의 인격과 행하는 것을 보면 악한 영이 어떠한 영적 조작을 하여 하나님처럼 꾸민다고 해도 속지 않을 것이다.

그런데 영적 조작이 유난히 잘되는 사람이 있다. 영적 조작을 잘 당하는 사람의 특징은 거짓목사와 그 교회를 장악한 영과 비슷하기 때문에 조작을 잘 당한다. 동시에 영이 약하기 때문에 조작을 잘 당하는 것이다. 아무리 영적 조작을 잘하는 거짓과 사이비 집단이 있고, 가짜 목사가 있어도, 정말 영이 강한 사람들은 그러한 집단과 목사의 영에 조작당하지 않으며 결국 그곳을 떠나게 된다.

영적 조작의 원리는 다음과 같다.

① 특정 집단과 사람에 속하면, 그 집단과 사람의 영이 들어온다.

② 그 집단과 소속 사람들의 영과 비슷하거나 그들보다 영이 약하면 조작된다.

③ 조작되면 그들의 종노릇을 하고, 영적인 것, 물질적인 모든 것을 빼앗긴다.

④ 조작되지 않으려면 잘 분별해야 한다.

내가 지금 머물고 있고, 내가 지금 만나고 있는 사람들의 영이, 나의 영을 조작할 수 있다. 잘 분별하여야 조작된 하나님의 음성과 계시, 꿈, 환상, 예언에 속지 않으며 영혼의 사냥꾼들이 넘쳐나는 시대에 자신의 영혼과 재산을 지킬 수 있다. 참된 기독교교회에서는 예수님의 삶과 하나님의 뜻, 그리고 성령이 성도를 이끄시는 거듭나는 길과 성도가 지켜야 할 기독교 진리에 대한 바른 가르침이 있다. 여기서 벗어나는 교회와 목회자들에 대해 엄격한 분별이 필요하다.

9
두 개의 영적 조작행위

인간과 자연만물 그리고 우주는 힘으로 구성되었다. 그 힘을 사람들은 에너지라고 부른다. 중요한 것은 만유의 근본이 되는 에너지는 물질적 에너지만 있는 것이 아니라 영적 에너지도 있으며 영적 에너지는 영 그 자체다. 그러므로 인간과 자연만물, 우주는 물질적 에너지와 영의 힘인 영적 에너지로 구성된 존재라고 할 수 있다. 또한 서로 유기적으로 관계를 맺고 공존공생하기도 하고, 적대적이며 자기의 생존을 위해 다른 존재를 파괴하기도 하면서 세상은 존재하고 있다.

즉 인간, 자연만물, 우주의 존재양식은 물질적 에너지와 영의 힘인 영적 에너지로 구성되어 있으며, 에너지의 강약이 다르게 존재하고 있고, 서로의 목적에 따라 상관관계를 맺으며 살리기도

하고 파괴하게도 한다는 것이다. 더욱 중요한 것은 존재를 구성하는 에너지 가운데 영적 에너지는 물질적 에너지를 다스리며, 영적 에너지의 강약에 따라 물질적 에너지의 생존이 좌우된다. 즉 살리는 것은 영이라는 것이다.

그러므로 인간의 모든 행위는 물질적 행위이면서, 동시에 영적 행위가 된다. 인간이 행하는 영적행위는 물질적 삶에 투영되어 물질적 삶을 이끈다. 영적행위가 물질적 삶을 지배하고 다스리는 수단이 바로 자기, 혹은 상대의 영에 대한 조작이다.

인간이 자신이나 타인 혹은 만물의 영을 조작할 수 있는 대표적 수단은 두 가지가 있다. 첫 번째는 인간에게 영적 존재가 바로 임하여 그 영적 존재가 자신이 들어간 인간의 몸과 물질적 삶에 직접 영향을 미치는 것이 있다. 이것의 대표적 모습이 무속이다.

두 번째 영적 조작수단으로는 인간의 염원, 믿음, 생각, 구상화, 말을 통해 자신과 다른 이들의 영을 조작하는 것이다. 이것의 대표적 모습이 마법이다. 그러나 영적 조작행위를 통해 물질계를 바꾸는 것을 샤머니즘에서는 신령의 능력이라고 오해하고 있으며, 마법에서는 인간정신의 창조적 능력으로 우주에너지를 결합하여 물질로 끌어오는 것이라고 착각하고 있다. 심지어는 기독교의 대표적 이교 영성인 사차원 영성에서는 하나님의 기도응답이라고 와전하여 알고 있다.

샤머니즘에서는 신령의 능력이, 마법은 인간의 염원, 생각, 구상화, 말의 창조적 능력이, 사차원 영성은 사차원의 요소라고 주장하는 꿈, 믿음, 생각, 구상화, 말이라는 수단으로 인간은 원하는 것을 얻으며 살 수 있다고 주장한다. 마법과 사차원 영성은 동일하게 인간의 소원을 이루는 수단으로 꿈, 믿음, 생각, 구상화, 말을 제시하였다. 그러나 샤머니즘과 마법, 사차원 영성의 실체는 영적 조작행위를 통해 물질적 삶에 변화를 가져오는 것이다.

만약 무속이나 마법 혹은 사차원 영성식의 논리가 맞다면 신령의 능력으로, 우주의 에너지 결합으로, 사차원의 하나님의 응답으로 인간의 소원은 모두 기계적으로 이루어져야 한다. 그러나 인간이 원하는 것은 기계적으로 이루어지지 않는다. 그럴 때 이들은 부정 타서, 소원에 대한 집중력이 부재해서, 믿음이 없어서 그런다고 한다. 인간이 원하는 것이 신령께 부정 타서, 인간의 정신력이 제대로 창조 능력을 발휘하지 못해서, 믿음이 없고 사차원 요소를 제대로 실행하지 못해서 이루어지지 않은 것이 아니다. 그것은 무속의 행위나 마법의 행위, 사차원 영성의 근원이 바로 영적 조작행위이기 때문에 기계적 결과를 가져오지 못하는 것이다. 영적 조작에는 수많은 변수가 내포되어 있으므로 인과율과 같은 기계적인 결과를 가져오지 못하는 것이다. 그러므로 어떤 때는 인간이 원하는 것을 얻기도 하고, 때로는 얻지 못하는 것이다.

영의 조작을 통해 물질에 변화가 일어나는 현상은 두 가지로 설명할 수 있다.

① 자기 영의 내적 조작
② 타인과 만물에 대한 영적 조작

(1) 자기 영의 내적 조작을 통해 자신의 육체적, 영적 삶의 변화를 가져오는 경우

〈사례 1〉 A라는 사람이 암에 걸렸다고 할 때, 암이라는 질병은 암이라는 힘을 가진 영이 육체로 나타난 것이라고 볼 수 있다. 그렇다면 A는 암이라는 영으로부터, 육체가 조작당하여 암이라는 형태의 물질적 변화가 생겨 암 질병을 갖게 되는 것이다. 암이라는 영의 힘이 A라는 사람의 육체의 힘을 이겨서, 그 육체의 일부를 암의 형태로 변형시킨 것이다.

A는 병원에 가서 암에 대해 치료를 받거나 수술을 하여 암을 완치할 수 있다. 의료와 의술이라는 외부적 힘의 도움으로 암이라는 물질적 변화를 제거하는 것이다. 그러나 대부분 의료와 의술의 외부적 힘으로 암을 치료하지 못하므로 불치병이라고 명명된다. 또한, 암을 가지고 온 영과 그 에너지를 제거하지 못하므로, 암이 재발하거나 다른 형태의 질병으로 전이되는 경우를 보게 된다. 심지어는 암을 가지고 온 영이 A에게서 떠나지만, A의 가족인 B에게 들어가 A는 암에서 치유되지만, 비슷한 시기에 B가 동일한 암에 걸리는 경우도 종종 볼 수 있다. 이는 암이 영적 존재의 힘이기 때문에 암 질병을 가져온 영의 힘이 A에게 들어갔다가 나와서 B에게 들어간 것이다. 어떤 경우에는 A가 의술의 도움을 받으면서 동시에 자신은 나았다고 암시를 하고, 나았다고 굳게 믿으며, 건강하다는 생각을 간절하게 집중적으로 계속한다. 암에서 낫고 건강한 자신의 모습을 생생하게 그리고, 이미 나았다고 선포하여 정말 암이 낫는 경우가 있다.

이런 경우가 있다면 이것은 마법에서 주장하는 인간의 염원, 생각, 구상화, 말은 자기가 원하는 것을 끌어당겨 실재화 시킨다는 현상과는 조금 상이한 것이다. 또한 성도가 병에서 간절히 낫기를 꿈꾸고, 믿고, 나았다고 생각하고, 상상하고, 말하면 하나님이 4차원에서 응답을 해주신다는 것과 맞지 않는 무언가를 느낄 수 있다.

인간이 나았다고 믿고, 나은 것을 생각하고, 나은 것을 생생하게 그리고, 나았다고 선포하여 정말 병에서 나았다면, 마법에서 주장하듯이 병이 나은 것이 우주의 에너지가 끌어당겨져 물질을 실재화 시킨 것인가? 아니면 사차원 영성에서 주장하듯 병이 나은 것이 성도가 사차원적 요소를 잘 개발하고, 하나님께 믿음을 드려 하나님이 응답하신 것인가? 이런 경우 병이 나은 것은 마법도 아니고 하나님의 응답도 아니라는 것이다.

이것은 바로 인간 자신의 영의 내적 조작행위로 일어난 결과다.

즉 A가 자신에게 나타난 암에 대해 나을 것을 꿈꾸며, 나았다고 믿고, 나은 것을 간절히 집중적으로 생각하고, 암에서 나은 건강한 자기 모습을 상상하고, 나았다고 계속 말하는 것은 A 안에 들어온 암을 가져온 영에 대한 영적 대적을 하는 것이다. 암이라는 질병에게 A가 반대되는 영적 힘을 계속해서 반복적으로 가하여, A 자신에게는 건강의 영적 힘을 불어넣고, 동시에 자신에게 암을 가져온 영을 대적하여, 그 영을 쫓아내었기 때문에 A가 암에서 치유가 된 것이다. 이것은 A가 자신에게 행한 자기 영의 내적조작이다. 그러므로 이러한 행위는 인과율처럼 모두에게 일어나는 것이 아니라 암의 영보다 강한 힘을 갖게 되는 사람들의 일부에서 일어나는 것이다.

또 다른 예가 있다.

<사례 2> 가수가 자신이 부른 노래대로 인생이 결정되는 경우가 있다.

C라는 가수가 희망찬 노래를 불렀더니 힘들고 고달팠던 그의 인생이 점점 달라져 부유하고, 복된 가수로서의 삶을 살게 되는 것을 보게 된다. 과연 이것이 가수의 노래 가사와 곡조에 담긴 생각과 말의 힘으로 우주에너지가 반응하고 물질화하여 끌어당긴 마법적 행위인가? 아니면 하나님이 사차원적 요소를 잘 사용한 가수가 열

심히 부른 노래의 가사 대로 응답해 주신 것인가? 아니지 않는가!

이 역시 괴롭고 힘들게 살던 가수가 어느 날 밝고, 희망찬 가사가 담긴 노래를 부르는 경우, 그 가수의 삶을 괴롭고 힘들게 만들었던 우울과 비애, 고통의 영이 그 가수 안에서, 더 이상 그 사람의 육체적 삶을 괴롭히지 못하고 떠난 것이다. 이것은 가수가 부른 노래와 노래 가사의 밝고 긍정적인 영적 힘이, 우울하고 비애와 고통을 주었던 영을 대적하여 물리치는 결과를 가져온 것이다. 가수는 의도했든 하지 않았든 자신의 밝은 노래곡조와 가사를 소리라는 말로써 하는 행위를 통해 자기 안의 우울과 비애의 영을 대적하여 그 영을 내쫓는 내적인 영적 조작의 행위를 한 것이다. 그것을 통해 육체적 삶이 극적으로 변화를 가져온 것이다. 영이 바뀌면 운명이 바뀌는 것의 실례 중 하나가 되는 것이다.

〈사례 3〉 반대로 D라는 가수가 죽음이나 이별을 주제로 하는 노래를 부른 경우가 있다. 이때 그 가수의 노래가 히트 치고, 얼마 후 세상을 떠나는 경우를 보았다. 이것은 D 가수가 죽음을 노래하여서 우주가 반응하여 비슷한 것이 끌어당겨져 죽음이 물질화로 나타난 마법을 행한 것이 아니다. 동시에 하나님이 D 가수의 노래에 응답해서 그의 생명을 거두어가신 것도 아니다. 이제 대충 감이 잡히는지….

이것은 D 가수가 죽음과 이별을 말하는 곡조와 가사가 담긴 노래를 말이라는 수단을 통해 표현하므로, 그 가수가 본의 아니게 죽음의 영을 받아들이고 그 영의 힘을 수용함으로, 결국 죽음의 영에게 육체적 조작이 되어 세상을 떠나게 된 것이다.

〈사례 4〉 F가 있다. F는 힘들고 어려운 처지에 있었지만, 항상 긍정적으로 감사하며 살았다. 그랬더니 마법처럼 그의 인생이 그가 말한 대로, 생각한 대로 바뀌는 경우를 볼 수 있다. 이것은 F가 고달프게 살았던 자신을 긍정과 감사라는 행위로 자기 영을 조작하여 자신에게 고달픈 인생을 주었던 악한 영을 대적하여 쫓아내므로 행복하고 밝은 삶으로 물질적 변화를 가져온 것이다.

이 원리를 알게 되면 대부분의 인간 삶의 변화가 마법에서 말하는 우주에너지를 결합하여 끌어당겨서 일어난 일이거나 신에게 기도 응답을 받아서 이루어진 일이라고 알고 있는 것들의 상당 부분은 인간이 자기에게 행한 내적 조작행위일 개연성이 높다는 것을 알 수 있다. 이것이 이해되면 마법을 행하지 않거나, 기도하지 않은 일반인이 이런 삶을 살 때도 수많은 기적이 일어나는 것이 설명되는 것이다. 이는 자기 영의 내적 조작행위였기 때문이다. 자기 영의 내적 조작행위는 "나는 잘될 거야" 하니까 잘되고, 다리가 아픈 경우 "나았다고" 하니까 낫는 등의 모든 경우에 다 적용될 수 있다.

이렇듯 인간의 염원, 믿음, 생각, 구상화, 말, 행위는 우주에너지를 결합하여 인간이 원하는 것을 물질화하여 인간 앞으로 끌어당겨주는 마법의 수단이 아니다. 동시에 하나님이 주권도 없이 성도가 잘 믿고, 생각하고, 구상화하고, 말하면, 응답해주는 사차원 영성도 아니다. 이것은 영의 조작을 통한 물질의 변화를 초래한 것이다. 그래서 영적 존재인 인간은 누구라도 이같이 하면 자신이 원하는 결과를 가져오는 경우가 많은 것이다. 누구라도… 다만 영력의 차이로 결과가 다르게 나타날 뿐이다.

자기 자신에게 행하는 자기의 꿈과 믿음, 생각과 구상화, 말로 하는 영적 주술 행위는 결국 자기 영을 조작하여 자신의 물질적 삶을 변화시키는 것이다. 이것을 자기를 향한 영적 조작행위 또는 자기 주술행위라고 할 수 있다.

(2) 타인의 영을 조작하여 물질화하는 경우

인간이 자기 영에 대한 내적 조작이 가능하고, 자기의 내적 영적 조작을 통해, 물질적 삶에 변화를 가져온다면, 인간은 타인의 영도 조작하여, 타인의 것을 자신의 것으로 만들 수 있다. 이것이 바로 마법주술에서 일어난 기적과 사차원 영성에서 일어난 하나님의 기도응답처럼 보이는 수많은 기적의 실체다. 그러나 타인에 대한 영적 조작행위가 좋은 쪽으로 영향을 주었다고 해도, 타인의 영을 조작한 행위만으로도 죄악이다. 더욱이 타인의 영을 조작하여 타인에게 고통과 피해를 주면서 자기의 이익을 도모하는 결과를 가져왔다면, 실질적으로는 영적 도적질, 강도질에 해당하는 큰 죄악을 저지르는 것이 된다.

인간은 생각하고, 상상하고, 말하고, 행동하여 영들을 조종하고, 자기가 원하는 대로 부릴 수 있다. 인간은 자신이 원하는 것을 간절히 생각하고, 상상하고, 말하고, 행동하는 영적행위를 통해 영이 약한 타인이나 만물의 영을 조종하고 조작할 수 있다. 영이 조작된 인간은 조작자가 원하는 대로 행동한다. 그래서 조작자와 피조작자의 삶에는 물질적 변화가 일어난다.

〈사례 1〉 A라는 사람이 10억이 필요하였다. 그는 10억에 대한 소망을 하고, 어디선가 들어올 것을 믿고, 간절히 10억을 생각하고, 마치 10억이 자기 수중에 이미 있는 것처럼 생생하게 그리고, 이미 자신은 10억을 가졌다고 반복해서 말을 하고, 10억 자산가처럼 행동한다. 그러던 어느 날 B가 A를 찾아왔다. B는 기도하는데 A에게 10억을 주어야 한다는 마음이 강하게 들어서 10억을 가져왔다고 하면서, 10억을 A에게 주거나 주기로 약속한다. 현실에서 이런 일이 생겼다면 마법의 끌어당김의 법칙에서는 A가 10억에 대해 간절히 염원하고, 생각하고, 구상화하고, 말을 하였더니 우주가 10억을 물질화시켜 A에게 끌어당겨 주었다고 할 것이다. 4차원 영성에서는 하나님이 A의 간절한 사차원적 기도에 응답하셔서 B를 감동하게 해서 10억을 주게 하셨다고 할 것이다.

A의 염원과 생각, 구상화와 말 그리고 행동에 마법처럼 우주에 너지가 반응하거나, 사차원 영성처럼 하나님이 기도에 응답하셔서 이루어진 일이라면 하늘에서 10억이라는 현금이 A에게 쏟아져 내려야 한다. 그러나 A의 간절한 염원이 이루어진 것은 B가 A에게 자기의 돈 10억을 주어야 한다는 강력한 마음을 갖게 되었고, 그래서 10억을 주거나, 준다고 약속한 것이다. 그리고 약속의 실현은

현금의 증여나 권리증을 넘기는 소유권 이전의 양도 행위로 나타난다.

그러므로 이러한 일의 결론은 마법에서 주장하는 끌어당김의 법칙의 결과도 아니고, 하나님의 응답도 아니다. 이러한 일이 벌어진 것은 돈 10억이 필요한 A의 간절한 염원과 돈에 대한 생각, 돈을 갈망하여 그리는 10억에 대한 구상화, 이미 10억이 자기 돈이라고 외치는 말이라는 영적 수단을 통해 영적 에너지를 발산하여 자연만물과 인간 가운데 B라는 인간의 영을 조종한 것이다. 이는 A의 돈에 대한 갈망이 영적 에너지를 발산하여 B의 생각과 사고를 조작하여 일어난 일이다. A의 돈에 대한 소원의 영적 에너지가 B의 마음을 강하게 움직여 A에게 10억을 주어야 한다는 영적 조작을 당하고, 실제로 돈을 갖다 바치는 행위를 한 것이 이 일의 영적 실상이다.

B가 조작당할 때는 신의 감동, 꿈, 환상, 계시, 음성, 자신 안에 거부할 수 없는 강한 충동 등으로 조작된다. 그러므로 이것은 마법의 끌어당김도 아니고, 종교에서 말하는 기도응답도 아니다. 더욱이 사차원 영성에서 자주 일어나는 하나님의 응답도 아니다. 이는 자기의 욕망의 영적 에너지로 다른 인간과 만물 안에 깃든 영

을 조작하여 물질을 변화 시켜 자기의 것이 되게 하는 영적 도적질에 불과한 것이다.

〈사례 2〉 F라는 여인이 있다. 남편감을 구하기 위해 기도하였다. 직업은 한의사에, 키는 180센티에, 호남형에, 집안은 명문가에, 경제력도 있는 남편감에 대해 구체적으로 적어서 날마다 시간을 정해 놓고 기도하였다. F는 남편감의 이미지를 구체적으로 생생하게 그리고, 그와 같은 남자와 이미 결혼한 것처럼 반복해서 말을 하였다. 1년이 지나자 기도한 것과 똑같은 남자를 만나 결혼을 하게 되었다는 스토리는 흔하게 들을 수 있다. F라는 여인이 끌어당김의 법칙에서 배웠다면, 자신은 끌어당김의 법칙대로 했더니 정말 그대로 남편감을 얻었다고 할 것이다. F라는 여인이 남편감을 위해 구체적으로 기도하면 하나님이 응답하신다고 한 사차원 영성의 가르침대로 기도해서 남편감을 만나 결혼을 하였다면, 하나님이 응답하셨다고 할 것이다.

그러나 과연 그럴까? 이것은 F라는 여인이 자신의 남편감에 대해 간절히 원하고, 구체적으로 생각하고, 생생하게 이미지를 구상화하고, 그런 사람을 만나 결혼한 것처럼 말을 반복하는 행위를 통해 F여인의 기도문 그룹에 속하는 세상의 남자들 가운데 F의 영적 에너지가 어떤 남자의 영을 조종한 결과다. 그래서 조종당한 남자는 F와 물질적으로 결혼을 하게 되는 것이다. 이 역시 끌어당겨진 것도 아니고, 하나님의 응답도 아니고, 오직 영적 조작에 의한 물질적 변화를 야기한 영혼의 도적질 행위인 것이다. 결혼해서 잘 산다고 문제가 아닌 것은 아니다. 시작부터가 영적 조작행위라는 죄를 잉태하고 있음을 알아야 한다.

〈사례 3〉 B라는 사람이 C라는 사람의 땅이 너무 갖고 싶었다. 그러나 돈이 없었기에 날마다 C의 땅에서 2년 동안 같은 시간에, C의 땅이 자기 것이 될 것이라고, 선포하며 기도하였다. 땅을 밟으며 그 땅을 B 자신의 것으로 생각하고, 마치 그 땅이 이미 자신의 것인 양 생생하게 그리고 이미 자신의 땅이라고 선포하였다. 그러던 어느 날 B는 기적처럼 C의 땅을 소유하게 된다. 이 기적과 같은 일은 마법의 끌어당김의 법칙처럼 B의 간절한 염원과 생각, 구상화와 말에 우주에너지가 결집하여서 우주가 C의 땅을 들어서 B에게 통째로 갖다주거나 C의 땅과 똑같은 땅을 우주에서 만들어 하늘에서 B에게 떨어뜨려 준 것이 아니다.

이 놀라운 기적을 사차원 영성의 관점에서 생각한다면, 땅을 갖고 싶은 B가 하나님을 향해 땅을 얻고 싶은 꿈과 믿음을 가지고, 간절하게 생각하고, 땅의 소유주가 된 것을 생생하게 구상화하고, 이미 땅을 얻은 것처럼 말을 하고 기도하여 하나님이 응답하신 것도 아니다. 기독교신자가 기도만 하면 하나님은 아무 잘못도 없는 C의 땅을 돈 한 푼 안 들이고 얻으려는 기독교신자에게 주시는 분인가? 하나님은 4차원적 기도만 하면 누구의 땅이든, 누구의 돈이든, 무조건 기도하는 사람에게 빼앗아 주시는 분이신가? 아니라는 것이다. 하나님이 남의 땅을 무상으로 받으려고 날마다 죽기 살기로 기도하고 꿈꾸고 소망하고 선포하는 기독교신자의 후안무치한 행동에 기도 응답하신다고 가르치는 발상 자체가 옳지 못한 것이다.

그러나 어느 날 기적처럼 B는 C의 땅을 소유하게 된다. B가 C의 땅의 소유주가 되게 된 과정은 C가 B에게 무상증여를 하였거나 실비로 양도하면서 땅의 소유권을 넘기는 형태로 나타난다. 이러한 기적의 영적 실상은 C의 땅을 갖고 싶어 하는 B의 간절한 염원이 지속적으로 반복해서 C의 영혼을 조작한 것이다. 그리고 C의 영혼을 조작하는 일이 완성되면 C는 자기 영혼이 조작당한 지도 모르고, 자기 땅을 B에게 증여하거나 실비로 양도하게 된다. 세상에서는 이러한 행위를 끌어당김의 법칙으로, 마법으로 말한다. 기독교 일각에서는 이러한 일을 하나님의 응답으로 포장한다.

그러나 C의 땅이 B에게 증여 혹은 양도된 것은 B가 C의 영혼에 행했던 영적 조작행위 때문이었다. 욕망을 가진 인간의 욕망이 영적 에너지를 발산하여, 타인의 영을 조작하여, 그 사람의 물질을 빼앗은 영적 조작에 의한 물질적 도적질이라고 정의할 수 있다. C는 B의 소원대로 영적 조작을 당하여 B가 원하는 대로 자기 땅을 바친 것이다. 이것은 마치 영적 조종, 최면을 통해 타인의 영혼을 장악하여, 자기 뜻대로 조종하고, 자신의 목적을 이루는 전형적인 영적 도적질이며, 강도질이다. 합법을 가장한 이면에는 영적 조작이 행해졌고, 조작이 완성된 결과물로 이루어진 소유권의 증여나 양도는 영적 조작에 의한 물질적 도적질일 뿐이다.

〈사례 4〉 아들이 말을 안 듣고 놀기만 하니까 엄마가 "저놈 자식 다리나 부러져서 집에 들어앉아 공부 좀 했으면 좋겠다"라고 혼잣말을 하였는데 그날 저녁 아들이 다리가 부러져 오는 경우도 많이 본다. 과연 엄마의 말에 우주가 응답한 마법이겠는가? 아니면 하나님의 응답이겠는가? 이 역시 엄마의 말의 영적 힘이 아들에게 역사하여 사고가 나게 한 것이다.

　이러한 일들은 이솝 이야기 중에서 주술사인 피리 부는 남자에게, 영혼이 홀려서 어디론가 사라진 아이들의 이야기와 같은 것이다. 남자가 피리를 불자 남자의 피리소리에 동네 아이들의 영혼이 조종당하였다. 조종당한 아이들은 피리소리에 홀려서, 피리소리를 따라 사라져 버린다. 따라서 마법과 사차원 영성에서 일어나는 기적과 응답의 실상은 끌어당김도 아니고, 하나님의 응답도 아니고, 영적 에너지의 발산으로 인해 누군가의 영을 조작하여 자기의 뜻을 관철하는 영적 조작행위의 결과물인 것이다.

　따라서 마법에서 주장하는 인간의 염원, 생각, 구상화, 말, 행동이라는 주술적 수단을 사용하여 우주에너지를 결합 시켜 물질화하여 인간의 생각대로 인간 앞으로 끌어다 주는 기적은 그들이 말하는 생각이 원소를 결합하여 물질화시키는 끌어당김의 법칙으로 끌어오는 것이 아니라 영적 조작으로 인해 물질적 변화를 가져온 결과물일 뿐이다. 동시에 사차원 영성에서 말하는 사차원의 요소인 꿈, 믿음, 생각, 말을 개발하여 사용하면 영의 세계인 4차원을 변화시키고 3차원의 삶을 다스리며 살게 하시는 하나님의 응답도 아니라는 것을 알아야 한다. 이것의 실체는 인간 안에서 욕망이 이루어져야만 생존할 수 있는 욕망의 영이, 자기의 생존을 위해 욕망의 영적 에너지를 발산하여, 타인이나 만물의 영 가운데 비슷하거나 약한 영을 조작하고 조종하는 것이다. 타인에 대한 조작이 완성되면 타인으로 하여금 자기의 뜻대로 행동하게 만들어 자신과 타인의 물질적 삶에 변화를 꾀하는 영적, 물질적 조작행위일 뿐이다.

남의 물건을 도적질한 사람은 세상 법정에서 절도한 만큼 법의 심판을 받는다. 타인의 인생에 상해와 고통을 준 사람 역시 세상 법정에서 죄에 합당한 법의 심판을 받는다. 그처럼 타인의 영을 조작한 자들 역시 타인의 영을 조작하여 타인에게 물질적 타격을 가하거나 물질을 도적질한 것에 대해 영적 세계에서 반드시 심판을 받게 될 것이다.

영적 조작의 수단으로 마법은 인간의 꿈, 믿음, 생각, 구상화, 말을 사용한다. 사차원 영성도 성도의 꿈, 믿음, 생각, 구상화, 말을 사용한다. 마법과 사차원 영성의 목적과 수단이 무엇이 다른가? 다른 것이 없다. 이 둘의 본질은 자기 영의 내적조작이나 다른 존재의 영의 조작을 통해 물질적 삶에 변화를 꾀하는 영적 조작을 하는 것이며 그 근본은 주술이다.

그러므로 마법사나 끌어당김 법칙의 전도사나 사차원 영성을 주장하는 기독교의 목회자나 영적 본질은 모두 주술사이다. 마법사와 끌어당김 법칙의 주창자들이 주술사라는 것은 공감이 되지만 사차원 영성을 주장하는 기독교 목회자의 영적 본질이 주술사라면 크게 놀랄 것이다. 그러나 이것은 엄연한 사실이며 현실이다.

영적 조작의 결과가 선하든 악하든 자기 영이나 다른 존재의 영의 조작을 통해 물질의 변화를 꾀한다는 점에서 근원부터 죄악을 잉태하고 있는 것이다. 그리고 결과가 악하다면 그것은 영적 타격과 도적질을 통해 물질적 삶을 파괴하는 결과를 가져오므로 죄악이 더 크고 심각하다고 할 수 있다.

10
영적 존재의 에너지 변동 행위가 세계와 만물, 인간의 실존이다

과학자들은 이 세상이 에너지로 구성되어 있다고 한다. 우주 공간에는 무수한 에너지가 있고, 인간과 만물은 에너지가 응축되어 형상으로 나타난 것이라고 한다. 그러므로 인간과 만물에는 에너지가 깃들어 있다고 한다. 동양사상에는 기 사상이 있다. 기는 우주에 가득한데 기가 응축되면 물질로 나타나고, 물질이 사라지면 기가 되어 흩어진다고 한다.

범신론자들은 신이 따로 있는 것이 아니라 이 세상에 존재하는 모든 것이 신이라고 한다. 에너지로 구성된 우주는 힘이며 신이라고 한다. 우주의 에너지는 모든 것을 포괄하면서 물질을 창조한다. 창조된 물질에는 우주에너지인 신의 에너지와 신의 정신인 신성이 깃든다. 그러므로 신과 만물과 인간은 개별적 존재이면서 동시에 신의 에너지로 구성된 전체라고 한다. 범신론자들은 인간은 신의 에너지로 만들어졌으며 인간 안에는 신의 에너지가 깃들어 있고, 신성으로 불리는 신의 영이 존재하므로 인간이 자신 안에 있는 신성을 각성할 때 인간은 신이라는 것을 알게 된다고 한다.

다만 범신론자들의 특징은 우주에너지를 비인격적 에너지로 규정한다는 것이다. 즉 우주에너지가 지, 정, 의나 목적이 없이, 그저 스스로 움직이는 힘으로 창조하며, 진화하는 힘으로서 신이라는 것이다. 그리고 우주의 창조적 정신 활동과 에너지에 의해 만물과 인간이 창조되었으므로, 인간과 만물도 창조의 능력을 갖췄다고 주장한다. 그래서 인간과 만물이 신이라는 것이다.

범신론자들은 우주에너지의 가장 작은 단위는 원자이며, 원자를 쪼개면 전자와 전자핵이 나타나는데, 전자는 공간이 빈 파동으로 되어 있다고 한다. 이 파동이 에너지를 발산하면 비슷한 파동을 끌어당기게 되고, 끌어당긴 것이 연합하면 에너지를 마음껏 끌어올 수 있기 때문에 거기서 창조를 일으킬 수 있다는 것이다.

이러한 주장은 기를 주장하는 사람들에게서 동일한 내용이 발견된다. 기 사상가들은 기가 눈에 보이지 않는 에너지라고 한다. 기를 과학적으로 분석하면 원자라고 한다. 기의 단위인 원자를 나누면 원자핵이라는 중심이 있고, 전자가 있어서 빈 공간으로 파동을 일으킨다고 한다. 뉴에이지에서 말하는 비인격적 에너지와 기에서 말하는 에너지가 똑같다는 이야기가 된다.

즉 에너지의 변동에 의해 물질이 만들어지고, 변형되고, 파괴되고, 소멸된다는 주장이 범신론과 마법, 뉴에이지와 기사상 등에서 말하는 우주에너지의 창조능력이다. 정리하면 비인격적 에너지는 힘으로서 존재하는 신이다. 신인 에너지는 파동을 일으켜, 비슷한 에너지를 끌어와 결합하여 우주와 자연만물, 인간을 창조하였다. 그러므로 자연만물과 인간은 신의 에너지가 깃든 존재가 된다는 것이다.

나아가 우주의 정신력이 에너지를 결합하여 만물과 인간을 창조한 것처럼, 인간이 소유한 인간의 정신력의 힘은 우주의 정신력과 같이 창조적 능력을 갖췄기에 인간의 정신력의 힘으로 인간은 원하는 모든 것을 얻을 수 있다고 한다. 그래서 인간은 궁극적으로 창조주이며 신이라고 주장한다. 인간이 원하는 것을 생각하고, 구상화로 그리고, 말을 하면 그 에너지가 우주에 전송되어 우주에너지를 응집 시켜 인간이 원하는 것을 현실화시킬 수 있다는 것이다. 그러므로 인간은 자신이 원하는 대로 살 수 있는 창조력을 지닌 창조주로서 인간이 신이라고 주장한다.

범신론자, 기사상가, 마법사, 뉴에이지 추종자들은 아주 오랜 역사 속에서 같은 주장을 계속해왔다. 시대가 바뀌고, 영성집단의 이름이 달라지고, 사람이 바뀌었어도 그들의 주장은 언제나 동일하였다는 것이다.

그러나 범신론, 마법과 뉴에이지, 기 사상과 과학의 주장에는 매우 심각한 맹점이 있다. 이들의 주장처럼 공식 같은 특정 원리를 가지고 기 혹은 비인격적 에너지가 결합되어 존재를 창조하고, 변화시키고, 파괴하고, 소멸시킨다면 그 결과는 언제나 기계적이고 과학적이어서 동일한 결과를 가져와야 한다. 언제나 심는 대로 거두는 인과율이 적용되어야 한다.

그러나 인간과 우주와 자연만물의 실존은 반드시 기계적이거나 과학적이지는 않다. 인간과 우주, 자연만물의 실존에는 초자연적이라고 불리는 현상이 일어나기도 하고, 과학과 이성을 초월하는 사건이 벌어지기도 한다. 인간의 지혜나 과학의 기준에서 설명이 안 되는 일들이 일어난다. 더 나아가 인간은 누구도 자신의 미래를 예측하지 못하고 살고 있다. 따라서 인간과 우주, 자연만물의 존재형태는 기계적이면서도 기계적이지 않고, 과학적이면서도 과학적이지 않고, 인과율이 적용되면서도 인과율을 초월하기도 한다. 그러나 범신론자, 기사상가, 마법사, 뉴에이지사상가들은 자신들의 주장이 갖은 한계에 대한 인식도 제대로 못 한다. 그들은 시대를 달리해도 동일한 주장만을 하고 있다.

우주와 만물, 인간의 삶이 기계적이면서도 기계적이지 않고, 과학적이면서도 과학적이지 않고, 인과율이 적용되면서도 인과율을 초월하는 일이 일어나는 이유는 무엇일까? 설명할 수 있을까? 도대체 무엇이 우주에너지의 과학적 인과율을 적용하기도 하고, 막기도 하고, 초자연적이며, 기적이라고 불리는 현상들을 일으키기도 하고, 인간의 미래를 한 치도 알 수 없도록 만드는 것일까?

이러한 의문에 대한 해답은 범신론자, 뉴에이지사상가, 마법사와 과학자들과 기수련자들이 말하는 우주와 자연만물, 인간이 비인격적 에너지로만 구성된 것이 아니라 영적 에너지로 구성된 존재라는데 답이 있다. 즉 우주와 자연만물, 인간은 비인격적 에너지와 영적 에너지로 구성된 존재이기 때문에 이 존재들의 삶은 과학적이면서도 과학적이지 않고 기계적이면서도 기계적이지 않고 인과적이면서도 인과율에 적용되지 않는 것이다.

사람들의 눈에 보이지 않으나 영들은 분명히 존재하는 실존이다. 영들은 힘의 강, 약을 가지고 있는 비가시적 에너지체이며, 생존해야 하는 살아 있는 인격체다. 좀 더 자세히 설명하면 영적 존재는 힘으로 존재하는 에너지체이며, 생존해야 하는 존재이고, 지, 정, 의를 가지고 있는 인격적 존재면서, 인간과 자연만물과 비인격적 에너지보다 상위에 있는 영적 에너지로 존재하는 영적 존재다.

영은 비인격적 우주에너지와 자연만물, 인간을 조작하여 영의 생존을 도모하는 존재이기 때문에 비가시적 에너지체인 영적 존재의 생존목적과 그에 따른 영적행위로 인해 우주와 자연만물, 인간의 삶은 기계적이면서도 기계적이지 않고, 과학적이면서도 과학적이지 않으며, 인과적이면서도 인과율에 적용되지 않는다. 즉 영적 존재로 인해 우리가 느끼고 사는 만물과 인간의 보편적인 삶이 다스러지면서, 동시에 온갖 기적과 초자연적인 일이 일어나는 것이다. 이는 모두 비가시적 인격적 에너지인 영적 존재로 인하여 나타나는 현상이다.

이를 토대로 이 세상에 존재하는 존재들이 비인격적 물질적 에너지구조와 동일하며 일정한 공식에 의해 생존이 유지된다면, 인격적 영적 에너지도 비인격적 물질적 에너지와 동일한 구조로 되어 있을지 모른다는 개연성을 생각해 보지 않을 수 없다. 즉 인격적 영적 에너지의 창조행위로 우주와 만물 그리고 인간이 창조되었고 영적 에너지와 비인격적 물질적 에너지의 결합, 변동, 소멸행위로 우주와 만물, 인간의 실존이 결정된다면 우주와 만물과 인간의 에너지구조와 비인격적 에너지구조와 인격적 영적 존재의 에너지구조는 모두 같을 수 있다는 논리의 비약을 해보았다.

그러나 인격적 영적 에너지는 비인격적 에너지보다 상위존재로 비인격적 에너지를 초월하며 조작할 수 있고, 결합시킬 수 있고,

비인격적 에너지의 원리들을 초월할 수 있으며, 심지어 인격적 영적 에너지는 다른 인격적 영적 에너지를 결합하거나 조작함으로 비인격적 에너지를 조작할 수 있다. 이로써 세상의 지혜와 과학으로 설명이 되지 않는 초자연적 역사나 기적이 해석되며, 인간의 삶의 평범한 일상과 기적이 모두 영적 존재의 행위로 인해 다스려지고 지배되는 것이 설명된다. 이 논리가 문제가 있고 과학적인 부분이 부족하다 해도 논리에 대한 이해가 가능하고 생각해 볼 여지가 크다면 영적 세계와 물질적 세계의 관계에 대한 새로운 장을 여는 것일 수 있다.

인간과 자연만물, 우주의 운명과 실존은 인격적 영적 에너지인 영적 존재의 에너지 변동행위로 인해 변화되고, 파괴되며 존재되어지는 것이다. 즉 영적 존재의 에너지 변동행위가 우주와 만물 그리고 인간의 실존이라는 것이다. 중요한 것은 인간과 자연만물 그리고 우주를 창조하신 근원은 절대적이고 강하신 창조주 하나님으로부터 시작되었다는 사실이다. 인간에게 가장 좋은 실존은 창조주 하나님에 의해 살아지는 것이다. 인격적 영적 에너지와 비인격적 물질적 에너지로 인해 만물과 인간이 살고 지는 실존적 삶 속에서 창조주이시며 절대자이신 하나님의 힘으로 살아지는

존재가 가장 복된 것이다. 이것을 생명이라고 부를 수 있다. 그래
서 기독교는 생명의 종교다.

11

두 종류의 접신 – 무당과 신인합일 명상가

신접을 하였다는 말이 있다. 신접이란 신이 인간 몸 안으로 들어온 것을 말한다. 신접이란 말과 비슷한 말로 마접이 있다. 마접 역시 인간이 귀신을 접한 것으로 신내림을 받았다는 말과 같은 것이다. 모든 인간은 영과 육으로 구성된 존재이며, 인간의 육체 안에는 누구도 예외 없이 수많은 영들이 깃들어 살고 있다. 영들은 인간 안에 들어오기도 하고 나가기도 한다. 그러므로 영에 빙의된 자도 실질적으로는 없는 것이다. 왜냐면 모든 인간에게 영이 깃들고, 나가기도 하고, 들어오기도 하면서, 인간 삶이 이끌려가는 것이인간의 실존이기 때문이다.

인간은 영적 존재가 들어오고, 나가며, 그 힘으로 살아지는 존재이므로 모든 인간은 무당적일 수 있다. 다만 진짜 무당은 보편적인 인간보다 훨씬 더 강한 영에 사로잡힌 존재로 인간도 아니고, 신적 존재도 아닌, 자기 몸을 장악한 영의 뜻대로 살아가는 좀 더 특이한 존재일 뿐이다.

신내림의 다른 이름은 빙의다. 신이 인간 몸에 들어와 인간의 몸과 의식을 사로잡고 통제하여 지배하게 되는 상태를 말한다. 신에게 사로잡힌 인간은 마치 유체이탈을 하는 듯한 현상을 겪기도 하고, 때로는 황홀경 상태가 되어 자신의 존재를 잃은 듯한 의식의 실종이나 의식의 변화를 겪게 된다. 이러한 현상은 신이 내린 인간이 몸에서 벗어날 때 느끼는 현상이지만 주로 인간 몸에 신이 내려 인간의 의식과 힘이 신의 의식과 힘에 충돌되어 변화되거나 일시적으로 의식을 잃게 되는 것을 말한다. 중요한 것은 변화된 의식 상태가 되는 것은 강신된 신이 인간을 더욱 확실하게 사로잡을 수 있는 상태가 되었음을 뜻한다. 인간은 이러한 의식 상실상태 혹은 의식 변환상태에서 자신에게 강신한 영에게 완전하게 사로잡힌다.

일반적으로 무속에서의 신내림은 인간 안에 신령이 들어오는 것이다. 신령이 들어오는 순간을 신접하였다. 혹은 접신하였다고 한다. 인간은 누구도 예외 없이 이러한 영적 현상을 극도로 두려워하고 피하려고 하지만, 특정 인간은 강하고 폭력적인 영에게 사로잡혀 그 영의 목적에 이용되는 불운한 삶을 살게 된다. 그 특정 인간을 사람들은 무당이라고 부른다. 그래서 사람들은 무당이 되는 것을 두려워하고, 무당이 된 사람들을 기피하거나 터부시하고, 무당 팔자로 태어나거나 세습되는 가계는 무당이 되지 않으려고 노력을 다하지만, 무속의 영이 주는 고통으로 인해 결국 무속의 영을 모시고 사는 무당의 삶을 살게 된다.

그런데 세상 어디에선가는 접신과 신내림의 행위를 신과 인간의 합일행위라며 권장하는 사람들이 있다. 이들을 소위 신인합일 영성가 혹은 인본주의적 신비주의자들이라고 부른다. 이들은 특정 영과 접신하여 신인합일 되는 경험을 하였고, 접신한 영의 계시를 받게 되고, 받은 계시를 세상에 전하는 사명을 감당한다. 강신한 영에게서 그들이 받은 사명은 인간으로 하여금 명상, 요가, 참선 등의 방법을 통해 신인합일의 길을 알려주라는 것이며 신인합일을 통해 인간이 신이라는 것을 알게 하라는 것이다. 영의 이러한 계시를 받고, 세상에 인간이 신이라는 계시를 전하는 자들을 통칭하여 신인합일 명상가라고 부른다. 구체적으로는 영지주의자, 수피즘, 힌두교나 불교의 명상가, 요가 명상가, 오컬트추종자, 뉴에이지 사상가,

명상을 가르치는 구루 등으로 불린다.

신입합일 명상가들은 명상이나 요가, 참선 등을 통해 신을 접하고, 접신한 신과 합일의 경험을 통해 자신이 자아를 넘어서는 무한한 존재로서 신과 하나라는 것을 알게 되고, 궁극적으로는 자신이 신이라는 것을 알게 되었다고 한다. 그러나 이들에게 신이 임한 것은 본질적으로 무속에서 말하는 신내림과 똑같은 것이다. 다만 무속은 강제적이고 폭력적으로 신이 인간을 장악하는 것이라면, 신인합일 명상가들은 자발적으로 신을 받아들이고, 신의 뜻을 행하는 자들이라는 것이다.

무당과 신인합일 명상가들의 공통점은 인간의 몸에 신내림을 통해 신과 접신하였고, 접신을 통해 신에게 자신의 몸과 의식이 장악되었으며, 장악된 이후에는 강신한 신의 계시를 세상에 전하게 된다. 즉 신인합일 명상가들의 영적 본질은 접신하여 신내림을 받았다는 점에서 무당과 같은 것이다. 차이가 있다면 강제적이냐 자발적이냐일 뿐이며 가르치고 행하는 것에 차이가 있을 뿐이다.

그러나 강제적으로 무당이 되었건, 신인합일 명상가로 포장된 자발적 무당이 되었건, 신내림을 통해 강한 영에게 사로잡힌 가엾은 인생들일 뿐이다. 이것이 접신의 두 종류다. 다만 강제적 접신으로 인해 무당이 된 사람들은 그 운명에서 벗어나려고, 모진 애를 쓰며 자신의 영적 실존을 바로 본다. 반대로 악령에게 접신되어 느낀 체험을 신인합일의 궁극의 체험이며, 우주와 하나가 된 희열이라고 느끼며, 인간이 신이라고 주장하는 신인합일 명상가들은 자신의 영적 실존을 바르게 보는 판단조차 없다. 그러면서도 자신들을 신비주의 영성가로 굳게 믿는다.

사단의 목적은 하나님을 대적하고 하나님보다 높임을 받으려는 것이다. 하나님이 창조하신 모든 것과 하나님의 일을 파괴하는 것이다. 사단의 목적을 이루기 위해 택한 최고의 전략은 인간에게 신이 되라고 한 것이었다. 신인합일 명상가들은 사단의 최고의 전략을 수행하는 사단의 최전방의 도구들일 뿐이다. 인간의 몸과 정신이 사단에게 장악되어 사단의 도구가 되었는데, 어떻게 우주와 하나가 되고 신인합일 체험을 통해 신이 되겠는가? 인간의 몸과 영혼이 사단에 장악된 것은 신인합일에 이르는 것이 아니라, 말 그대로 악한 영에 접신되고 빙의되어 장악되었음을 뜻한다. 악한 영에게 사로잡힌 인간이 얻을 수 있는 것은 신이 되는 것이 아니라 자신의 몸과 영혼이 악령화 되어 고통스럽고 비참한 삶을 살아가는 결말뿐이다.

영은 인간보다 우월하다. 영들도 생존이란 목적이 있다. 영들은 생존을 위해 투쟁한다. 그리고 살기 위해 인간을 이용한다. 이용한 후에 인간을 파멸시키는 것이 사단의 궁극의 목적이다. 사단에게 선한 것은 하나도 없다. 오직 거짓말하고, 속이고, 죽이고, 멸망시키려는 목적밖에는 없다. 스스로 무당이 된 신인합일 명상가들은 오늘도 인간이 신이라는 사단의 목적에 이용당하고 있다. 그러나 그들은 전혀 자신의 파멸적 영적 실존을 알지 못한다.

인간을 사랑하고 선한 길로 이끄시는 분은 하나님뿐이시다. 인간을 살리고 다시 살리는 분도 하나님이시다. 그러므로 인간을 파멸시키고 죽이려는 사단은, 인간을 살리고 보존하시는 하나님을 그토록 대적하는 것이다. 세상에는 여전히 사단과 사단의 전략과 사단의 종들이 있다. 이로 인해 세상에는 악이 사라지지 않는다. 그러나 세상이 악으로 인해 멸망하지 않고, 보전되며 진보하는 것은 사단으로부터 사람의 생명을 살리는 하나님의 성령의 능력이 역사하시기 때문이다. 나를 살리는 생명의 영이신 선하신 하나님이 계신데, 사람들은 무엇 때문에 신이 될 수 있다고 속이는 악령과 접신하여 스스로 무당이 되는 삶을 찾는지 알다가도 모를 일이다.

12

사단이 내민 두개의 선악과
- 신인합일강신과 마법

창조주는 창조하며, 축복하며, 심판하는 존재다. 창조주의 심판
기준은 피조물의 선과 악이다. 따라서 어떤 것이 선인지 악인지를
판단하는 것은 오로지 심판 주이신 하나님만이 하신다. 선악을 알
아야만 심판할 수 있는데 하나님만이 선과 악을 아시기 때문이다.
에덴동산에 선악과나무가 있었다. 이 나무의 과실은 선과 악을 알
게 하는 것이었다. 누군가가 이 과실을 만지거나 따 먹는 순간, 그
는 선과 악을 알게 되어 심판주가 된다. 그러므로 선악과는 창조
주이며, 심판의 주이신 하나님과 피조물의 경계인 것이다. 만약 인
간이 선, 악을 아는 나무의 과실에 대해 만지거나 따 먹는다면 인
간은 신의 경계를 침범하여 심판주가 될 것이다. 그때부터 창조주
이신 하나님과 인간의 차이가 없어지게 된다. 그러므로 하나님은

피조물인 인간에게 선악을 알게 하는 나무는 절대 만지지도 따 먹지도 말라고 명령하시며 만약 만지거나 따 먹으면 반드시 죽는다는 심판을 예고하신다.

하나님이 에덴동산에 두셨던 선악을 알게 하는 나무 과실의 의미는, 하나님은 하나님이고, 인간은 인간이며, 창조주는 창조주이고, 피조물은 피조물이라는 원칙을 말한다. 선악과를 따 먹는 것은 인간이 신의 세계를 침범하는 것이며, 신과 인간의 차이와 경계가 무너지는 것이며, 인간이 신이 되려는 시도이므로, 인간이 선악과를 만지거나 따 먹는 순간 반드시 죽는다는 것을 경고하신 것이다. 즉 인간이 신이 되어서는 안 된다! 인간이 신이 되려는 순간, 인간은 죽는다고 말씀하신 것이다.

하나님의 피조물인 아담과 하와는, 사단이 그들 앞에 뱀의 모습으로 나타나기 전에는 선악과에 관심이 없었다. 뱀에게 들어간 사단이 인간에게 나타나, 인간이 신이 되는 길을 제시하는데 그것은 에덴동산 중앙에 있는 선악과를 따 먹으라고 한 것이다. 인간이 선과 악을 알 때 하나님같이 심판할 수 있는 존재가 되기 때문이다. 그러나 사단이 인간에게 선악과를 따 먹으라고 미혹한 목적은 인간과 하나님을 분리시키고, 하나님의 피조물을 사단의 목적의 도구로 장악하고, 조종하여, 하나님의 모든 것을 파괴하고, 사단이 하나님의 자리에 서기 위함이었다.

사단은 선악과를 따 먹도록 거대한 두 가지 미혹의 수단을 사용하였다.
이것을 사단이 내민 두 개의 선악과라 부른다.

창세기 3장 1-5절

1   그런데 뱀은 여호와 하나님이 지으신 들짐승 중에 가장 간교하니라 뱀이 여자에게 물어 이르되 하나님이 참으로 너희에게 동산 모든 나무의 열매를 먹지 말라 하시더냐

2   여자가 뱀에게 말하되 동산 나무의 열매를 우리가 먹을 수 있으나

3   동산 중앙에 있는 나무의 열매는 하나님의 말씀에 너희는 먹지도 말고 만지지도 말라 너희가 죽을까 하노라 하셨느니라

4   뱀이 여자에게 이르되 너희가 결코 죽지 아니하리라

5   너희가 그것을 먹는 날에는 너희 눈이 밝아져

하나님과 같이 되어 선악을 알 줄 하나님이
아심이니라

창세기 3장에 사단이 하와에게 직접 나타나 동산 중앙에 있는
선악을 알게 하는 나무의 과실을 "먹지도 말고, 만지지도 말라, 너
희가 죽을까 하노라" 하셨던 하나님의 말씀을 정면으로 반박한다.
사단은 하와에게 과실을 먹어도 죽지 않으며 눈이 밝아져 하나님
과 같이 되어 선악을 아는 심판주가 된다고 속인다. 마치 하나님이
인간이 신이 되는 것을 질투하거나 두려워하는 것처럼 미혹한다.
사단은 인간에게 신이 될 수 있다고 미혹을 한 것이다.

사단이 사용한 첫 번째 수단은 사단이 인간에게 직접 나타나 사
단의 뜻을 계시한 것이다. 이는 영적으로 보면 사단이 하와에게 강
신된 것이다. 사단은 하와에게 강신하여, 하와의 몸과 마음을 장
악하고, 하와로 하여금 사단의 속삭임과 목적을 받아들이고 행동
하게 만든 것이다. 그러나 이것은 하와가 스스로 사단을 받아들여
신이 되려는 목적을 추구하였다는 점에서 영적으로는 자발적 샤머
니즘이라고 정의할 수 있다. 사단이 인간에게 강신하여 신이 될 수
있다고 미혹하여 인간으로 하여금 사단의 목적대로 행동하게 만
든 것이 사단이 내민 첫 번째 선악과였다. 사단이 내민 첫 번째 선

악과를 신일합일의 자발적 강신이라 부른다. 이것은 인간이 영적 존재를 받아들여 신이 되려고 시도했던 인본주의적 신비주의의 시작이라 할 수 있다. 어쩌면 하와는 인본주의적 신비주의 영성가의 시작이라고 할 수 있다.

창세기 3장 6-7절

6   여자가 그 나무를 본즉 먹음직도 하고, 보암직도 하고, 지혜롭게 할 만큼 탐스럽기도 한 나무인지라, 여자가 그 열매를 따 먹고, 자기와 함께 있는 남편에게도 주매 그도 먹은지라

7   이에 그들의 눈이 밝아져, 자기들이 벗은 줄을 알고, 무화과나무 잎을 엮어 치마로 삼았더라

하와에게 강신된 사단은 인간을 조종하여, 인간으로 하여금 사단의 목적이 인간의 목적인 것처럼 행동하게 만든다. 사단은 인간 안에서 사단의 목적을 인간의 욕망화 시킨다. 그러므로 인간은 사단의 목적을 인간의 욕망으로 알게 되어 욕망을 이루며 사는 존재가 된다. 그러나 영적 실상은 인간은 인간의 욕망으로 포장된 사단의 목적을 이루는 도구가 된 것이다. 사단은 자신의 목적을 인간

의 욕망으로 속이기 위해, 인간으로 하여금 그 욕망의 대상이 보암직도 하고, 먹음직도 하고, 탐스럽게 보이도록 만든다. 인간을 욕망의 노예로 만들어 사단의 목적을 이루는 것이다.

하와는 사단의 목적을 자기의 욕망화하여 선악과를 바라보았다. 만지거나 따 먹기만 하면 신이 된다는 선악과는, 하나님같이 되고 싶은 하와에게 욕망의 대상이었다. 하와는 선악과를 따 먹기 위해 바라보고, 꿈꾸며, 선악과를 만지고 따 먹는 것을 생각하고, 선악과를 손에 들고 입에 넣는 것을 생생하게 그리며, 선악과는 내 것이라고 선포하였을지도 모른다. 사단이 인간에게 신이 될 수 있다고 내밀었던 두 번째 선악과는 바로 인간의 욕망과 욕망을 이루고 싶은 간절한 생각, 이미 이룬 것처럼 생생하게 그리는 구상화, 그리고 이미 선악과를 얻은 것처럼 입술로 선포하는 마법이었다.

신인합일의 강신과 마법은 사단이 인간에게 내민 두 개의 선악과였다. 신이 되고 싶은 인간은 누구나 어김없이 신인합일의 자발적 강신과 마법을 행하였다. 그러나 선악과를 따 먹은 아담과 하와가 하나님을 대적하고 사단의 종이 되어 유한한 생을 살다가 죽는 존재가 된 것처럼 오늘날에도 사단이 내민 선악과를 따 먹는 인간들은 신이 되는 것이 아니라 사단의 숙주가 되어 비참한 인생을 살다가 영육의 삶이 반드시 죽는 파국을 맞이하게 된다. 악한 영에게 장악된 인간처럼 고통스러운 인생이 없다. 그들이 다시 살 수 있는 유일한 길은 예수 그리스도를 믿고 죄를 용서받는 길이다. 타락한 인간이 다시 살 수 있는 길이 펼쳐지는 것이 하나님의 구원사이다.

13

사단이 내민 첫 번째 선악과
- 자발적 샤머니즘인 신인합일강신과 명상의 영적실체

(1) 명상을 통한 신인합일강신 행위

사단이 인간에게 신이 될 수 있다고 내민 첫 번째 선악과는 신인합일을 통해 인간 안에 신성이 있음을 깨닫는 것이었다. 사단은 인간은 신의 힘으로 창조된 존재이며, 인간 안에는 인간을 창조한 신의 힘이 깃들어 있으므로 신과 같은 존재이며, 동시에 신의 영성인 신성도 깃들어진 존재라고 속인다. 그러나 인간은 자신이 신이며 신성을 가진 존재라는 것을 알지 못하지만, 명상을 통해 인간이 신이 될 수 있다고 미혹한다.

사단이 인간에게 신이 되는 수단으로 내민 것은 명상이다. 인간이 가부좌를 틀고 앉아 생각이 완전히 정지되어서, 나와 만물의 차이가 사라지는 무아경에 이르면 의식이 끊어지고 변화가 일어난다. 이때 인간은 평범한 자아에서 고양된 자아가 되어 초자아상태인 우주적 그리스도 의식에 이르게 되면, 우주에너지인 신이 인간 안으로 들어오는 신인합일의 상태가 된다. 신인합일의 상태를 체험하는 인간은 너와 나, 만물의 차이가 사라지고, 평화와 사랑의 무한한 감정을 느끼며, 우주와 하나가 되는 존재로 변화되는 것을 느끼게 되고, 궁극적으로 인간이 신이라는 것을 깨닫게 된다는 것이다.

고대로부터 현대에 이르기까지 인간이 신이 되는 수단으로 사단이 내민 첫 번째 선악과는 접신이라는 강신행위를 통해 신과 하나가 되어 궁극적으로 인간이 신이라는 것을 아는 것이었다. 그리고 이와 같은 강신행위를 받아들이고 실천하며 가르치는 자들을 세상에서는 신인합일 명상가라고 부른다. 신인합일 명상가는 인간이 명상을 통해 신과 합일을 하여 인간이 신이라는 것을 알게 된다고 주장하는 자들이다. 그러나 이를 영적으로 해석하면 인간이 명상을 통해 자발적으로 신과 접신하고, 신내림을 통해 신에게 사로잡히는 것을 말한다. 신에게 사로잡힐 때 신 혹은 악령이 주는 영적

쾌락과 감정과 현상을 체험하는 것을, 이들은 신인합일의 궁극의 경지이며, 우주와 하나가 되는 무아라고 이야기한다. 이것을 한국식으로 해석하면 스스로 자발적 무당이 되는 것을 의미한다.

세계의 샤머니즘이란 악령이 특정 인간에게 강제적으로 접신하여, 폭력적으로 그 사람의 영과 육을 장악하여, 악령의 숙주 노릇을 하게 하는 강력하고도 악한 신내림 현상이라고 할 수 있다. 폭력적 신내림에 의해 샤먼이 된 사람들을 한국에서는 무당이라고 부른다. 무당은 강신이 되어 신내림을 받지만, 무당이 되는 것을 결코 원치 않는다. 그러나 무속의 영의 강제적이고 폭압적 힘의 제압으로, 원치 않는 무속인의 길을 걷는다. 이렇게 강제적 무속인이 된 사람은 무속의 영의 숙주 노릇을 하며 무속의 영의 뜻대로 점치고, 치병하고, 귀신을 쫓으며 평생을 무속의 영의 종노릇을 하다가 생을 마친다. 그러나 무속인의 집은 질고와 고통이 끊이지 않으며 무속의 영은 무당의 자녀까지 세습적으로 장악하여 대물림의 고통을 준다. 이처럼 인간은 원치 않았으나 귀신에 의해 폭력적으로 장악되어 무속인이 되는 것, 이것을 비자발적 폭력적 샤머니즘이라고 부른다.

그러나 신이 되고 싶은 인간이 명상을 통해 귀신과 접신을 하고, 접신된 영의 내림을 통해 영과 육이 완전히 장악되지만, 자신은 그것이 신인합일의 경지이며, 우주와 하나가 되는 궁극의 상태이며, 나아가 인간이 신이라는 것을 깨닫는 길이라고 믿는 일단의 부류들이 있다. 이들은 자신을 신인합일 명상가라고 부른다. 그러나 이들의 영적 실상은 명상을 통해 악한 영을 초혼하여 접신하고, 신내림을 받은 자발적 무당일 뿐이다. 따라서 사단이 인간에게 내민 첫번째 선악과의 정체는 명상, 요가, 참선, 춤 등을 통해 인간이 신과 합일하여 궁극적으로 신이라는 것을 깨닫게 된다는 신인합일강신과 명상이다. 그러나 신인합일강신과 명상주의의 영적 실체는 인간이 신이 되는 길이 아니라 명상이나 요가, 참선, 춤 등의 수단을 사용하여 자발적으로 악령과 접신하고 신내림을 통해 영육이 장악당하여 악령의 도구 노릇을 하는 자발적 샤머니즘이라고 할 수 있다.

신인합일강신과 명상주의를 다시 한 번 정리하면 다음과 같다. 인간이 명상, 요가, 참선 등을 통해 의식의 변화를 일으켜 초자아 상태가 되는 우주적 그리스도의식이 될 때 우주에너지인 신이 인간에게 들어온다. 그때 인간과 하나가 되는 신인합일이 일어나고 신인합일을 체험한 인간은 비로소 자신이 신이라는 것을 알게 된다는 사상이다. 그러나 신인합일강신과 명상주의의 영적 실체는 인간이 명상 등을 통해 악령을 초혼하여 악령의 내림을 받아 영과 육이 완전히 장악된 자발적 무당이 되는 것이다. 이는 궁극적으로는 악령화된 육체가 되어 악령에게 쓰임 받다가 영과 육이 파멸에 이르는 결과를 가져오게 된다.

사단이 인간이 신이 될 수 있다고 내민 첫 번째 선악과인 신인합일강신과 명상주의를 따르는 역사적 계보는 다음과 같다.

- 에덴동산의 뱀
- 영지주의
- 카발라
- 수피즘
- 힌두교 명상
- 불교명상
- 블라바츠키의 뉴에이지
- 명상, 요가, 참선, 관상 등을 통해 신과 합일하고자 하는 모든 영성과 시도들
- 기독교의 관상기도류들

신인합일강신과 명상주의는 기독교에서 관상기도의 모습으로 나타났다. 기독교의 관상기도는 신이 되려는 시도는 아니지만, 명상을 통해 하나님을 깊이 만나려고 한다. 더욱이 기독교 관상기도자들은 이교적 수단인 만트라와 명상을 사용하여 하나님을 체험하려고 한다. 만트라와 명상, 이것은 기독교를 제외한 모든 이교에서 신과 합일하는 수단이며 인간이 신이 되는 수단이다. 이교적 수단으로 하나님을 만나려는 관상기도를 통해 하나님을 만날 수 있을까? 이교적 수단을 사용하는데 하나님이 만나 주신다면 기독교는 근본부터 무너질 것이다. 따라서 이교적 수단인 만트라와 호흡기도를 사용하면서 명상을 행하는 관상기도를 통해 만나는 영적 존재는 기독교의 하나님이 아니라 이교의 영일 것이다. 기독교의 하나님은 만트라와 호흡기도 그리고 명상을 통해 만나는 하나님이 아니라 하나님의 뜻에 따라 인간을 찾아오시고 만나주시는 하나님이시며, 예수님과 성경말씀을 통해 만날 수 있는 하나님이시다. 그러나 관상기도자들은 하나님을 깊이 체험하고 만나려고 이교의 만트라와 호흡기도 그리고 명상을 사용한다. 관상기도자들은 누구를 만나려는 것일까? 누구를 만나고 싶은 것인가? [3]

---

3) 레이 윤겐 『신비주의와 손잡은 기독교』

신인합일강신과 명상주의를 행하는 자들은 신이 되고 싶은 욕망으로 사단에게 자신의 영혼을 내어준 어리석은 인간 군상일 뿐이다. 그들은 강제적으로 무당이 된 사람들이 살아야 했던 영에 사로잡힌 고통스러운 삶을 살게 된다. 영에게 강하게 사로잡힌 인생은 누구나 온전한 인간으로 살 수 없다. 신이 되고 싶었던 신인합일 명상가들도 명상이라는 고매한 모습 뒤에 악령에 장악되어 끊이지 않는 정신적인 문제와 육체적 문제를 겪는 고통스러운 삶을 사는 것이 그들의 현실이다. 그들은 신이 되고 싶었지만, 신에게 장악되었다. 그리고 신이 되기는커녕 인간이기를 포기 당하는 고통 속에 살다가 생을 마치게 된다. 이것이 그들의 결국이다.

(2) 신인합일강신자들이 행하는 명상의 본질과 위험성

명상이란 인간이 신과 합일하기 위해 가장 많이 사용하는 수단이다. 인간이 명상을 통해 정상적 의식이 멈추고, 생각이 정지되어 초자아로 의식이 변환될 때, 인간 안으로 우주에너지라고 불리는 신이 들어오게 된다고 한다. 신을 체험한 인간은 신과 합일하였다고 생각한다. 신과 합일한 인간은 존재의 형언할 수 없는 따뜻함과 우주와의 일체감, 그리고 나라는 자아의 장벽이 없는 완전한 초자아로서, 자신이 신적 존재라는 영적 체험을 한다. 그리고 궁극적으로는 인간이 신이라는 것을 알게 된다고 한다. 신인합일주의자들이 행하는 명상은 생각이 끊어지고, 의식이 자아를 넘어서는 존재로 변화되었을 때 영적 존재가 들어와 합일하는 수단이라고 한다. 이를 단순하고 명료하게 해석하면 명상하는 사람의 몸에 영적 존재가 들어온 것을 말하며, 이는 어떤 영에게 접신된 것을 말한다. 좀 더 간단히 말하면 그저 정신줄을 놓는 상태가 된 것이다. 사람이 정신줄을 놓았을 때 영들이 사람에게 가장 쉽게 침입하여 인간을 장악한다. 이것이 명상의 실체다.

즉 신과 합일하기 위해 행하는 명상은, 엄밀히 말하면 인간으로 하여금 정신줄을 놓게 하여 영들이 장악하기 가장 좋은 상태가 되라는 말과 다를 바가 없다. 특히 명상을 잘하기 위해서 호흡법과 만트라를 사용하라고 한다. 호흡과 만트라를 하면서 행하는 명상은 더 강력하고 쉽게 영을 초혼하고 접신되어 영에게 장악되는 지름길이 된다. 영들은 기체로 존재하며, 인간 육체와 정신 어느 곳에도 들어올 수 있다. 특히 영들은 인간이 자발적으로 행하는 초혼행위에 의해 더욱더 쉽게 들어올 수 있는데, 인간이 영들을 초혼하는 행위 중 대표적인 것이 호흡이며, 만트라의 사용인 것이다.

인간이 호흡할 때 영들은 인간 안으로 들어온다. 특히 생각이 담긴 호흡을 할 때 영들은 더 쉽게 인간 몸 안으로 들어온다. 그리고 명상을 할 때 생각을 정지시키기 위해 만트라를 사용한다. 만트라는 영의 힘과 의도가 깃든 언어이며 영이 언어의 형태로 자신의 존재를 계시하는 것이라고 정의할 수 있다. 따라서 인간이 신인합일을 하기 위해 호흡과 만트라를 사용하면서 명상을 하는 것은 영을 부르고, 영에게 완전히 장악되는 가장 좋은 접신 행위를 하는 것이다. 명상은 사단의 은밀하고 능력 있는 탁월한 전략인 것이다.

따라서 호흡기도, 만트라 수행, 명상은 영들을 초혼하여 접신하는 행위이며 인간으로 하여금 신이 되는 과실을 따 먹으라는 사단의 위장술이며 궁극적으로 인간에게 신내림을 받게 하여, 인간의 영과 육을 귀신들리게 하는 마귀의 역사상 최고의 전략이다.

인간이 명상이라는 신인합일의 수단을 통해 일시적으로 인간을 초월하는 영적 감정과 체험을 한다고 해도, 그것은 명상이라는 수단을 통해 일어난 접신으로 느끼는 영적 체험과 감정일 뿐이며 결과적으로 인간이 신에게 사로잡히는 귀신들림으로 진행되는 과정일 뿐이다. 해가 달이 될 수 없듯이, 달이 별이 될 수 없듯이 인간이 신이 되고 싶어 명상해도, 인간은 신이 될 수 없다.

명상을 통해 신이 된 인간이 누구였나?

명상을 통해 인간이 된 신은 누구였나?

명상을 통해 신이 된 인간이 있다면,

명상을 통해 인간이 된 신이 있다면,

누구였는지 말해보라.

인간이 명상을 통해 신이 된다고 가르쳤던

그 사람들은 영생하고 있는가?

신은 죽지 않는다.

귀신도 죽지 않는다.

그러나 사람은 죽는다.

유한한 인생을 살아가는

인간을 극구 신이라고 하는 것이 이상하지 않은가!

인간은 죽는다. 그래서 신이 아니다.

신인합일강신 명상가들은 명상을 통해 표면적으로 평화와 일체를 얻었다고 하지만 과연 그들은 신이 되었는지, 그들의 삶의 행적은 신으로 살아갔는지, 묻지 않을 수 없다. 명상의 이면에 많은 사람이 귀신들림으로 인해 고통을 받는 것은 애써 외면한다. 사람들은 세칭 무당에 대해서는 신에 빙의된 가엾고 팔자 센 사람이라고 안타까워한다. 그러면서 자신은 명상하며 접신하기를 주저하지 않는다. 그리고 신인합일강신 명상가는 신성을 찾아 헤매는 구도자로 자처한다. 명상의 영적 실체와 위험성은 사람들로 하여금 영을 초혼하여 자발적으로 귀신들리게 하는 것이다. 명상은 역사상 사단이 인간을 파멸시키기 위해 펼친 최고의 전략이다.

명상! 그것은 귀신을 초대하는 침묵의 초대장이다.

초대장을 받은 공중의 영들은 반드시 올 것이다.

이후로 인간은 명상을 통해 초대한 그 영이 될 것이다.

인간은 신이 되는 것이 아니라 자신이 초대한 악령이 된다… 이것이 명상의 결국이다.

이 얼마나 두려운 일인가!

14

사단이 내민 두 번째 선악과
– 마법과 염원, 생각, 구상화, 말의 영적 실체

이교주의적 신비주의 핵심은 인간은 하나님과 동일한 창조 능력을 소유하고 있는 신이라고 주장하는 것이다. 즉 인간이 신이라는 것이다. 이것은 하나님이 아담과 하와에게 하면 죽는다고 경고하신 그것이다. 반대로 사단은 하와에게 하나님 같이 될 수 있다고 했던 선악과의 실체였다.

인간이 신이라는 사상은 고대부터 마법사들이 해온 주장이다. 마법사들의 주장은 역사상 계속되어 마법, 오컬트 신비주의자들의 구상화, 뉴에이지 핵심사상, 끌어당김의 법칙, 신사상운동 등으로 모습을 바꾸며 사람들의 영혼을 미혹하였다.

① 마법

인간의 생각은 원소라는 에너지를 결합하여 물질화시켜 인간에게

실재화시킨다. 그러므로 인간이 신이라고 주장한다.

② 오컬트구상화기법

오컬트주의자들은 구상화를 사용하면 인간이 상상하는 것을 현실

로 만들 수 있다. 그러므로 인간이 신이라고 한다.

③ 마릴린 퍼거슨의 뉴에이지

인간의 정신의 힘과 신성이 우주에너지와 결합하면, 인간이 원하

는 것을 현실화시킬 수 있다고 한다. 그래서 인간은 신이 될 수 있

다고 주장한다.

④ 신사상 운동

우주의 본질은 신의 정신이다. 인간의 본질 역시 정신이므로, 인

간의 본질은 신의 본질과 같다고 주장한다. 따라서 인간의 정신이

우주의 정신과 연합하면 우주는 인간의 정신의 창조적 힘에 반응

하여, 인간이 원하는 것을 현실화시켜준다. 그러므로 인간이 신이

라고 주장한다. [4]

⑤ 끌어당김의 법칙

---

4) 김태한 『뉴 에이지 신비주의』

인간이 원하는 것은 생각대로, 이미지를 구상화한 대로, 말한 대로 에너지가 발산되어, 우주에 동일한 주파수를 가진 에너지를 끌어당겨 인간이 원하는 것을 이루어준다는 것이다. 그래서 인간은 운명의 주인이 될 수 있다는 관점에서 인간이 궁극적으로 신이라고 주장하고 있다.

⑥ 양자역학

인간이 바라보기만 해도 우주에너지의 파동이 입자가 되어, 인간이 원하는 대로 물질화시켜 끌어당겨준다는 것이다.

이러한 사상들의 핵심은 전적으로 인간 중심의 사고다. 자신들이 우주라고 지칭하는 비인격적 신을 인간보다 하위개념으로 두고, 인간 정신의 힘에 우주가 반응하여 인간이 원하는 것을 해준다는 공통점을 갖는다. 이들은 인간을 절대적 존재로 신격화하여, 인간이 신이라는 결론에 이른다. 이러한 주장을 하는 자들은 시대마다 이름을 바꾸어 나타났지만, 이것은 사단이 선악과를 가지고 하와를 미혹했던 속삭임과 다를 것이 하나도 없는 것이다. 이러한 주장을 통칭하여 마법이라 부르며, 이러한 행위를 하는 자들을 통칭하여 마법사라 부른다.

기독교를 제외한 모든 이교주의 사상의 핵심은 인간이 신이라는 것이다. 이교주의자들이 인간이 신이 되기 위해 사용하는 수단이 인간의 염원, 생각, 구상화, 말이다. 자발적 무당이 되는 신인합일 명상가들이 호흡과 만트라를 사용하여 명상을 하며 신과 합일하는 강신행위를 통해 궁극적으로 인간이 신이라는 것을 깨닫고자 했다면 마법사들이 인간이 신이 되기 위해 사용한 방법이 인간의 염원, 생각, 구상화, 말이었다.

마법사들은 우주는 신의 힘이며, 신의 정신으로 창조되었으며, 우주에너지에 의해 창조된 만물과 인간 역시 우주에너지와 정신으로 구성된 존재이므로 우주와 만물과 인간은 하나라고 주장한다. 그러므로 근원적으로 만물과 인간 안에는 우주의 창조적 힘인 우주의 정신력이 존재하므로 인간의 정신력의 힘은 신의 창조적 본질이라는 것이다. 따라서 인간의 정신력과 우주의 정신이 조화를 이루면, 우주에너지는 인간의 정신력에 응하여, 인간이 원하는 것을 창조해 준다. 그러므로 인간이 신이라는 것이다.

그러므로 인간이 신이 되기 위해서는 반드시 창조적 정신 활동이 있어야 하는데 그 정신 활동이 이루어지는 수단은 인간의 염원, 생각, 생생하게 소원을 그리는 구상화와 말이다. 인간이 자신의 염원과 염원에 대한 간절한 생각, 염원을 생생하게 그리는 것과 염원을 이룬 것처럼 말을 하는 행위는 인간 정신력이 창조적 행위를 하는 것이다. 이러한 행위를 통해 우주가 반응하여 인간이 원하는 것을 해준다는 것이 마법사로 총칭되는 존재들이 동일하게 계속해 온 주장이다.

그렇다면 도대체 인간의 염원은 무엇이고, 인간이 염원을 이루기 위해 행하는 생각과 구상화, 말은 무엇이기에 인간이 신이 된다고 하는 것일까? 과연 마법사들의 말처럼 인간의 정신력의 힘은, 창조의 힘을 가지고 우주에너지를 반응 시켜, 인간이 원하는 것을 만들어 내어, 인간에게 실재화 시켜줄 수 있을까? 아니면 이면에 다른 것이 복병처럼 숨어서 사람들을 속이는 것일까? 이제부터 복병처럼 숨어 있는 거짓의 실체를 찾아봐야 한다.

염원, 생각, 구상화, 말은 따로따로 존재하는 것이 아니라 염원이란 목적을 이루기 위해 수단이 존재하고, 그 수단을 사용하여 염원을 이루는 일체적 행위다. 즉 염원을 이루기 위해 생각, 구상화, 말이라는 수단이 필요하고, 생각, 구상화, 말이라는 수단을 사용하여 염원이라는 목적을 이루는 것이다. 마법에서는 인간의 염원, 생각, 구상화, 말은 인간 정신력의 힘이라고 한다. 마법은 이 힘이 우주에 발산되면 우주에서 동일한 주파수를 갖은 에너지를 결합하여 인간이 자신이 원하는 것을 소유할 수 있다고 한다. 그렇다면 역설적으로 인간의 염원, 생각, 구상화, 말의 본질이 과연 인간정신력의 힘인지 아니면 어떤 것인지를 올바르게 안다면 인간이 신이라고 하는 마법의 정체와 허구에 대해 바로 알 수 있다.

인간의 염원과 생각, 구상화, 말의 본질은 무엇인가?

(1) 인간의 염원의 본질

인간의 염원은 다른 말로 하면 인간의 소원, 꿈, 욕망이 될 것이다. 염원은 인간이 막연하게 바라는 어떤 것이 아니다. 인간이 얻고 싶은 구체적인 어떤 것에 대한 간절한 감정이나 갈망일 것이다. 염원의 본질은 간절한 감정이며 생각인데, 이는 막연하고 불특정한 인간의 생각이 아니라 구체적인 감정이 담긴 생각이라는 것이다. 즉 염원은 인간이 특정 시기에 특정한 것을 소원하는 감정이 실린 구체적인 생각이라는 것이다. 그런데 주목해야 할 것은 특정한 감정이 동반된 생각의 정체는 인간 안에 존재하는 어떤 영의 생존을 위한 목적이라는 것이다. 이를 정리하면 염원이란 인간 안에 있는 특정한 영이 자기의 생존을 위해 강렬한 감정과 생각으로 자신의 목적을 드러낸 것이라고 정의할 수 있다.

이해를 돕기 위해 예를 들면 다음과 같다. 도박을 하고 싶은 인간의 생각은 당연한 인간의 감정과 생각이다. 사람들은 일반적으로 도박의 행위가 습관화하여 뇌에 회로가 생기고, 신경계에 전달되어 인간이 도박을 하고 싶다는 충동을 느낀다고 알고 있다. 그러나 도박의 이면적 실상은 인간이 도박을 해야만 생존하는 도박의 영의 행위라는 것이다. 도박의 영은 인간이 도박을 하여 파멸되는 것이 생존 목적이기 때문에, 인간에게 도박을 하고 싶은 생각으로 자신을 드러낸다. 그리고 도박의 영의 목적을 도박을 하고 싶어 어쩔 줄 모르는 인간의 감정으로 동일시하게 만들어 인간으로 하여금 도박을 하게 하므로 도박의 영의 생존목적이 이루어지는 것이다. 이것이 도박을 하고 싶은 인간의 생각의 실체인 것이다.

즉 도박을 하고 싶은 인간의 감정과 생각은 도박의 영의 생존 목적이었던 것이다. 그러므로 결론적으로 도박을 하고 싶은 인간의 감정은 도박의 영의 욕망이었고 도박의 영의 욕망은 영적 에너지가 응축된 염원으로 나타났으며, 도박의 영의 염원의 에너지가 발산되는 형태가 도박을 하고 싶다는 감정과 생각인 것이다. 그러므로 염원, 감정, 생각은 모두 인간 안에 깃든 특정한 영의 목적이 인간 안에서 발현되어 실현되는 일련의 과정이라는 것이다.

정리하면 염원이란 자기 생존을 위한 특정 영의 에너지가 응축된 영의 목적이며, 인간 안에서 생존해야 하는 특정 영이 생존 목적인 염원을 실현하기 위해 일관적이고 연속적으로 행하는 영적 에너지의 발산이 특정한 감정과 생각이라고 정의할 수 있다. 그러나 영들은 영들의 목적과 행위를 마치 인간이 원하는 염원이며, 감정이며, 생각이라고 동일시하게 만든다. 그러므로 인간은 자신의 행위가 특정 영의 영적행위라는 것을 인지하지 못하고 그것을 인간 자신의 염원으로 생각하고 행동하므로 역설적으로 특정 영의 생존 욕망과 목적을 이루는 행위의 도구가 된다. 따라서 염원이란 표면적으로는 인간의 욕망 혹은 인간의 소원이라고 보이지만 이면으로는 영의 생존 목적이자 영의 소원일 수 있다.

인간 안에서 역사하는 특정 영의 생존목적이 염원이라면, 염원은 이미 특정 영의 영적 에너지와 파장이 깃들어 있는 영이라는 결론에 이르게 된다. 즉 염원은 영적 에너지가 응축된 목적이 있는 영, 그 자체라고 할 수 있으며, 영의 목적인 염원을 이루기 위해 일관적이고 계속적으로 에너지를 발산하는 것이 특정한 감정, 특정한 생각이라고 할 수 있다. 그렇다면 염원, 감정, 생각은 모두 영이며, 영의 힘이며, 영의 파장이며, 영의 에너지와 파장을 발산하는 영적행위인 것이다. 이러한 영적행위는 반드시 만물과 인간의 물질적 삶에 변화를 일으킨다. 따라서 특정 영의 목적이며 영의 힘의 응축인 염원과 염원을 이루기 위해 계속적으로 영적 에너지를 발산하는 감정과 생각은 자기 영이나 다른 존재의 영을 조작한다. 그리고 조작이 완성되면 자기나 다른 존재의 물질적 삶에 변화를 일으킨다.

따라서 인간 정신력의 힘은 창조적 능력을 갖추고 있어, 인간이 자신이 원하는 것을 염원하고, 생각하고, 구상화하고, 말하면 우주에너지가 반응하여 에너지를 결합하여 물질화시켜 인간의 소원대로 끌어온다는 마법세력들의 실체는 영들이 자기의 생존목적을 위해 영적 에너지를 발산하여 만물과 인간의 물질적 삶에 변화를 일으키는 영적 조작행위일 뿐이다. 영의 생존과 목적을 위해 인간을 이용하여 행하는 영적 조작! 이것이 마법이 말하는 인간 정신력의 힘이 우주에너지를 결합시켜 물질로 만들어 끌어온다는 주장의 정체였다.

염원의 본질은 염원이라는 욕망을 지닌 영의 목적이며, 영의 목적은 특정한 감정이나 생각으로 나타난다. 그러므로 염원은 본래 영이며, 영적 힘이 깃들어 영적 파장이 발산되는 구조로 되어 있는데, 염원이 영적 에너지로 발산되는 것이 특정한 감정과 생각이다. 그러므로 염원의 영이 감정과 생각이라는 영적 에너지를 발산하여 인간 안에서 영적조작을 일으키거나, 다른 영을 끌어들여 인간 안에서 영적 조작을 일으키고 조작이 완성되는 경우 인간 삶에는 반드시 물질적 변화를 가져온다.

따라서 염원은 특정 영의 목적이 영적 조작을 일으켜 영적 또는 물질적 세계를 바꾸는 행위다. 그러나 인간 안에 깃든 영의 행위가 마치 인간의 행위와 동일시되므로 사람들은 그러한 행위를 모두 인간이 하는 행위로 알게 된다. 귀신이 귀신같이 속이는 것이다. 따라서 인간이 신이 된다고 하는 마법의 시작 포인트가 염원이라면, 마법은 시작부터 인간 안에 숨어 있는 영적 존재가 영의 목적을 이루기 위해 만물과 인간을 이용하여 하나님의 창조세계인 영적 세계와 물질적 세계를 조작하는 죄의 행위를 근원으로 하는 것이다.

(2) 생각의 본질과 위험성

인간은 생각하는 존재다.

인간은 숨을 쉬는 것처럼 끊임없이 생각한다.

생각은 추상적이지만 실존한다. 생각은 생각의 소원대로, 일정 부분 인간의 삶에 결과를 가져온다. 어쩌면 인간을 지배하는 가장 강력한 힘이 생각일지 모른다. 생각은 무형의 존재이며, 추상적 존재이지만 인간 삶에 영향을 끼치는 가장 기본적 행위라고 할 수 있다. 더욱이 특정한 생각은 인간에게 격동적인 특정한 감정을 유발하고, 그 충동적이고 갈망적인 감정은 계속해서 인간을 장악하며, 특정한 생각을 더욱 강화시켜 그 생각대로 인간을 행동하게 만든다. 그러므로 특정 생각은 인간을 조종하는 관제탑의 역할을 한다.

그렇다면 특정한 생각은 무엇일까?

특정한 생각은 인간이 소망하는 구체적인 뜻이라고 할 수 있다. 따라서 생각은 염원의 구체적이고 계속적인 행위라고 할 수 있다. 염원이 특정 영의 생존 목적이며 요구라면, 생각은 특정 영의 목적인 염원이 인간 안에서 지속적인 감정으로 표현된 것이며 특정 영이 자기 목적을 실현하기 위해, 지속적으로 행하는 영의 에너지 발산행위라고 정의할 수 있다. 그러므로 생각을 집중적으로 계속해서 한다는 것은 특정 영의 목적을 소원하는 영적 힘과 에너지를 지속적으로 발산하는 행위이며, 동시에 특정 영의 힘을 강화하며 활성화하여 그 영에게 힘을 공급하는 행위라고 할 수 있다.

세상에는 시간과 공간이 존재한다. 그러므로 인간은 시간과 공간에 제약을 받는 존재다. 인간이 어떤 행위를 하여 그 결과를 보기 위해서는 많은 시간이 요구된다. 영적 존재는 시간과 공간에 제약을 받지 않지만, 인간 안에서 염원으로 나타난 영의 목적을 이루기 위해서는 염원이 이루어지는 시간이 이를 때까지 지속적으로 영 자신의 에너지를 발산하거나 강화하는 행위를 해야 한다. 그것이 생각이다.

염원이라는 이름을 가진 특정 영이 자신의 존재를 발현하여 목적을 이루려면 자기 영의 내적 조작이나 다른 존재에 대한 영적 조작을 통해 물질적 변화를 가져오는 임계점에 이를 때까지 목적을 이룰 행위를 계속해야 하는데 임계점까지 이르러야 하는 시간적 속성 때문에 지속적으로 영의 에너지를 발산하고 주파수가 같은 영을 끌어들이는 행위가 생각이다. 이러한 행위를 통해 마침내 영적 조작이 온전히 이루어지면 물질계에 변화가 일어나고, 물질계에 변화가 일어나서 인간의 삶이 달라질 때, 그것은 영의 생존 목적이 달성된 것이다. 따라서 생각이란 영의 목적이 이루어지는 임계점에 도달할 때까지 영이 자신의 생존의 목적인 영의 염원을 에너지의 형태로 지속적으로 발산하는 행위라고 정의할 수 있다.

(3) 구상화의 본질과 위험성

구상화란 인간이 바라는 염원을 이미 이루어진 것처럼 생생하게 마음속에 그림을 그리는 것이다. 구상화는 마법-오컬트-뉴에이지-신사상 운동과 기독교의 사차원 영성에서도 빠지지 않는 기법으로, 말 그대로 생각대로-T가 완성되는 대표적 행위다. 구상화란 인간의 염원을 생각 에너지의 공급을 받아 이미지로 그린 것이다. 즉 구상화란 특정 영의 목적인 염원을 이미지 형상으로 만들어 우상화하는 것이라 할 수 있으며, 우상화된 이미지 형상에 생각이란 에너지 형태로 염원을 비는 것이 구상화라고 정의할 수 있다.

예를 들면 부적을 사용하는 것은 부적을 쓴 사람의 영의 힘이 부적의 글씨에 깃들어 부적을 쓴 사람의 영력으로 복을 끌어오고 재앙을 막는 주술 수단이다. 소원이 깃든 글씨의 본질은 영의 목적과 힘이 담긴 주술도구가 된다는 뜻이다.

달마 그림을 왜 거는가!

달마라는 힘이 강한 사람의 모습을 그림으로 표현하여, 그림 속에 달마의 힘으로 복을 끌어오고, 재앙을 면하기 위해 달마도를 집에다 두는 것이다. 그림으로 그려진 무형의 존재가 무슨 힘이 있겠는가! 이것은 달마도를 그린 사람의 영력이 그림 안에 깃들어 그림 안에서 영적 에너지를 발산하는 것이다. 사람들은 그것을 달마라는 인물의 힘이라고 믿고 그 힘으로 자신의 삶을 보존 받기 위해 달마도를 거는 것이다. 그림이나 이미지 혹은 형상에는 대상이 되는 존재나 제작을 한 존재의 영적 힘이 깃들어 있다는 의미다.

돌부처의 형상이 있다
왜 사람들은 그 형상에 108배를 하는가!
그것은 돌부처 형상 안에는 부처의 영력이 깃들어 있어 그 힘으로 복을 받고 재앙을 막으려는 신앙심으로 인해 돌부처 형상 앞에

절하는 것이다.

　부적, 달마도, 돌부처

　모두 글, 그림 혹은 돌이라는 재료 위에 특정 영적 존재의 힘을 실은 것이다. 그리고 동시에 영을 초혼하는 초혼의 수단이기도 하다.

　이와 같은 맥락에서 구상화란 특정 영의 목적인 염원이 에너지로 발산되어 나타난 생각의 힘으로 그려진 염원의 목적과 영적 힘이 깃든 그림이라고 정의할 수 있다. 구상화로 자기 욕망을 그리고, 욕망이 이루어진 것처럼 생각하는 것은 바로 그림으로 그려진 자기 안에 이미지화된 욕망의 우상에게 절하고 비는 것이며 동시에 욕망을 이루어줄 영들을 초혼하는 행위가 된다. 또한 타인이나 다른 물질을 구상화하여 그림으로 상상하는 것은 그 존재의 영을 그림의 형태로 자신 앞으로 끌어당겨 자신이 염원하는 대로 상대방의 영을 조작하는 것이다.

　구상화란 염원과 생각이 그림으로 그려진 것이다. 특정 염원과 생각은 영이다. 따라서 구상화의 결론은 염원으로 실존을 드러낸 영이 영의 목적을 그림의 형태로 표현한 것이다. 즉 구상화된 이미지는 영의 실존적 모습으로 자기 영을 활성화하며 영적 에너지를 발산하고 동시에 비슷한 다른 영을 초혼하는 기본적 역할을 한다. 또한 구상화를 통해 자기 영이 다른 존재의 영에 들어가서 다른 존재의 영을 조작하거나 때로는 다른 존재의 영을 이미지로 그려 자기 영으로 끌어들여 자기 안에서 조작을 감행하기도 하는 강력한 영적 조작수단이다. 따라서 구상화를 통해 자기 목적을 이루고자 하는 특정 영의 염원의 영적 조작행위가 일어나거나 비슷한 다른 영들을 끌어들여 영적 조작이 감행된다. 조작이 완성되면 특정 영이 장악한 인간의 물질적 삶에 변화를 일으켜 특정 영의 목적인 염원이 이루어지도록 하는 수단이 바로 구상화다.

마법에서 구상화는 인간이 그린대로, 상상한 대로, 원하는 것을 현실화시킬 수 있는 수단이며, 인간이 신이 되는 수단이라고 주장하였다. 그러나 구상화 본질은 영에 의한 조작행위로서 물질적 삶에 변화를 가져오는 영적 조작행위였을 뿐이다. 따라서 마법에서 주장하는 인간이 신이 되는 구상화를 비롯한 수단들은 인간 정신력의 창조적 힘에 우주가 반응하여 에너지를 결합하여 인간에게 물질화시켜 끌어당겨주는 것이 아니라 영들의 목적을 실현하기 위한 영의 조작행위를 통해 인간의 물질적 삶에 변화를 가져오는 창조 질서 파괴행위일 뿐이다. 이것이 인간으로 하여금 자신의 욕망을 이루고, 신이 된다고 미혹했던 마법의 실체다.

(4) 말의 본질과 위험성

사람이 살아가는 데 있어 가장 기본이 되는 것은 말을 하는 것과 말을 듣는 것이다.

말은 사람이 관계를 맺고, 생존하는 기본이라고 할 수 있다. 말은 인간과 인간이 관계를 맺는 수단이지만 동시에 신과 인간의 대화수단이기도 하다. 이것이 말의 독특한 존재 양식이다.

인간의 염원, 생각, 구상화, 말, 행위는 인간과 인간, 인간과 만물, 인간과 신의 소통수단이다. 그중에서도 말은 가장 강력한 신과의 소통수단이다. 그러므로 인간이 신에게 소통하는 말을 기도, 맹세, 서원, 방언, 주문이라고 부르고 신도 인간과 소통할 때 인간이 알아듣는 말이나 그림으로 계시한다.

말의 중요성은 말은 나가면 말이 요구하는 결과물을 초래한다는 것이다. 그래서 사람들은 말이 생명력을 가졌다고 생각한다.

영적 존재와 자연만물과 인간은 관계를 맺고 연결되어 있다. 세상에 존재하는 모든 존재는 관계를 맺고 살아간다. 인간은 인간의 생존을 위해 세 존재와 관계를 맺으며 산다. 자연도 자연의 생존을 위해 세 존재와 관계를 맺으며 산다. 영적 존재도 영의 생존을 위해 세 존재와 관계를 맺으며 산다. 영은 생존해야 하는 생명을 가진 존재이며 살기 위해 지, 정, 의를 사용하고 힘을 구사하는 실존적 존재다. 영적 존재, 자연만물, 인간. 이 세 존재는 자신들의 생존목적과 힘의 강약에 따라 생존이 좌우되는 것이 실존이며 운명이다.

영적 존재와 자연만물과 인간이 관계를 맺는 핵심 수단이 바로 생각, 상상, 말, 행위다. 따라서 인간의 생각, 상상, 말, 행위는 인간이 자신 혹은 다른 인간과 관계를 맺는 수단이면서, 동시에 자기 안에 영들과 외부의 다른 영들과 관계를 맺는 영적 수단이 된다. 특히 말은 존재들을 잇는 연락수단이면서, 존재의 뜻을 다른 존재에게 분명하게 표시하는 핵심수단이며 말을 하는 존재가 말을 듣는 존재에게 말대로 행동을 할 것을 명령하는 직접적이고 강력한 힘인 것이다. 말을 듣는 존재에는 영적 존재도 있다. 그러므로 말은 영에게 명령하는 가장 직접적이고 확실한 힘인 것이다.

염원은 특정 영의 소원 혹은 목적이다. 인간 안에서 행하는 특정 영의 생존의지다. 생각이란 특정 영의 생존의지를 지속적으로 영적 에너지로 발산하는 행위다. 구상화란 영의 생존 목적을 이미지라는 형태로 구체적으로 발산하는 것이다. 말이란 특정 영의 목적인 염원을 생각과 이미지로 그리는 것에 그치지 않고, 인간 몸 밖으로 발산하는 가장 강력한 영적행위가 된다. 따라서 말은 영의 생존 목적이 발설되는 영의 음성이며, 염원을 이루고자 각 존재와 관계를 맺는 강력한 통신 수단이 되는 것이다. 그러므로 말은 특정 영의 목적이 외부로 발설되어 다른 존재에게 표현되는 가장 강력한 힘이다. 즉 특정한 말은 특정한 영이 소리로 나타나는 영의 실존이라는 것이다.

특정한 영이 자신의 목적인 염원을 말로 나타내면, 비슷한 에너지와 파장을 가진 영들이 소리에 반응한다. 다만 특정 영의 목적인 염원의 성취는 시간이 걸리므로 이룰 때까지 특정 영이 자신의 염원을 소리로 표현하는 말을 반복해서 하라는 것이다. 이것은 염원이라는 영의 목적을 이루기 위해 말이라는 수단을 사용하여 자기 영이나 상대의 영을 조작하는 것이고 계속해서 말하라고 하는 것은 자기 영이나 상대의 영에 대한 조작이 완성되도록 하는 행위이다. 그리고 특정 영의 소원이 이루어지면 인간이 원하는 물질적 삶의 변화로 나타난다. 이러한 일련의 과정은 마치 인간이 원하는 것을 이루는 것 같은 모양을 갖추므로 인간의 행위처럼 보인다. 그래서 사람들이 "말이 씨가 된다", "말이 문서다", "말이 그 사람의 현실이다"라고 판단하는 것이다. 그러나 말 역시 인간 안에 숨어 자신의 생존을 위해 목적을 가지고 인간의 영을 조작하거나 다른 영을 끌어들여 영을 조작하여 인간의 물질적 삶에 변화를 일으키려는 특정 영의 영적 조작행위의 수단일 뿐이다. 영이 행하는 영적 조작행위는 오직 자신의 생존과 목적을 위해 행하는 것일 뿐이다.

(5) 염원 생각 구상화 말의 영적 본질

① 염원이란 특정 영이 자기 생존을 위해 목적하는 소원이다. 염원은 영의 목적이 담긴 영적 힘으로, 영적 조작을 하기 위한 근원이 된다.

② 생각은 특정 영의 소원을 영적 에너지로 계속해서 발산하는 행위로 내적이나 외적 영적 조작을 할 수 있는 힘이다. 조작이 완성될 때까지 계속 염원의 영이 일으키는 영적 에너지이며 동시에 다른 영을 초혼하여 영적 조작을 하는 영의 행위다. 조작이 완성되는 데는 시간

이 걸리므로 생각을 계속해서 집중적으로 생각하라는 것이다. 조작이 완성되면 원하는 대로 물질적 변화를 가져올 수 있다.

③ 구상화란 특정 영의 소원을 그림으로 형상화하여 우상으로 섬기며 비는 행위이며 동시에 다른 영을 초혼하는 수단이 되기도 한다. 특정 영이 목적을 이루기 위해 감정이나 생각의 형태로 에너지를 발산하면서 그 목적을 그림으로 그려서 에너지를 강화하고 또 발산하여 자신의 내적 영을 깊이 조작하든지, 아니면 다른 존재의 영을 초혼하여 행하는 영적 조작행위다. 구상화는 염원을 이미지로 형상화한 것이다. 쉽게 말하면 자신의 영이나 다른 존재의 영을 그림으로 그려서 침투하여 더 확실하고 쉽게 영적 조작을 하는 수단이다. 그러므로 구상화는 생각보다 이른 시간에 영적 조작을 완성하고 물질적 삶을 변화시킬 수 있다.

④ 말은 특정 영의 생존 목적인 염원을 언어로 표현하는 행위다. 영계와 직접 연락을 하고 관계를 맺는 가장 강력한 수단으로 영을 부르기도 하고, 달래기도 하고, 협박하기도 하고, 자기 영과 다른 이들의 영을 조작하여 물질적 삶을 변화시키는 가장 직접적이고 강력한 수단이다. 그래서 사람들은 말에 힘이 있다고 하는 것이다.

따라서 인간이 자신이 원하는 것을 이루기 위해 염원을 갖고, 생각하고, 구상화하고 말을 하는 행위는 주술적 수단을 사용하여 인간 안에 존재하는 영에 대한 조작을 행하거나 외부의 다른 영을 초혼하는 행위일 뿐이다. 그리고 초혼한 영과 연합하여 자기 영 혹은 타인의 영을 조작하여 물질적 삶에 변화를 일으키는 영적 조작행위다. 그리고 이러한 행위를 계속 집중적으로 반복해서 이룰 때까지 하라는 것은 조작행위가 완성될 때까지 염원, 생각, 구상화, 말이라는 영적 에너지를 지속적으로 공급하여 궁극적으로 영적 조작행위를 완성하라는 것이다.

인간의 정신력은 창조적 힘이 있어, 우주에너지를 결합하여 인간이 원하는 것을 물질화시켜 끌어오는 힘이 있으므로 인간이 신이라고 하는 마법세력의 주장의 본질은 인간정신력의 힘이 우주에너지를 결합하는 것이 아니라 인간 안에 있는 영들이 내적으로 혹은 외적으로 행하는 영적 조작행위였던 것이다. 영들이 염원, 생각, 구상화, 말이라는 영적 조작행위를 통해 영계와 만물, 인간의 영을 조종하여 하나님의 영적 질서를 혼돈시키며, 영적 조작을 통해 인간의 물질적 삶에 변화를 일으키어 자신의 생존 목적을 달성하고, 하나님이 만든 피조세계의 질서를 무너뜨린다. 이것이 마법을 부추긴 사단의 목적이었다. 따라서 마법의 본질은 인간이 신이라는 선악과를 내밀며 하나님이 세우신 영과 물질세계의 질서와 원칙을 파괴하려는 사단의 고차원적 전략이었다. 그러나 이제 완전히 본색이 밝혀진 것이다.

따라서 염원, 생각, 구상화, 말이라는 수단을 사용하여 내 욕망을 이루려고 시도하는 주술적 행위는 하나님의 피조세계를 조작하여 파괴하는 사단의 행위에 동참하는 것이며, 동시에 인간이 신이라는 사단의 속임수에 속아 선악과를 따 먹었던 하와의 길을 좇는 길이다. 더 나아가 하나님의 자녀에서 악령의 도구인 주술사가 되어 영계와 물질계를 조작하는 존재가 되는 것이다. 그러나 그 결국은 사단에게 이용당하여 궁극적으로 영적 파멸의 길로 갈 뿐이며 사단의 최고의 전략에 속아 사단의 전령이 되는 영적 신분을 갖게 되는 것이다.

15

끌어당김의 마법과 사차원 영성의 실체는
영계를 조작하는 영적 조작행위이다

고대로부터 현대에 이르기까지 존재한 수많은 종교와 사상 가운데 인본주의적 신비주의가 있다. 인본주의적 신비주의는 인간이 신이라는 사상이다. 인간이 염원을 가지고, 간절히 생각하고, 이룬 것처럼 생생하게 구상화하고, 이룰 때까지 말을 한다. 그러면 우주의 에너지가 인간의 정신력에 반응하여 인간이 원하는 것을 물질화하여 인간의 현실이 되게 한다. 그래서 인간은 신이라는 사상의 총칭이다.

인본주의적 신비주의의 계보는 다음과 같다.

- 마법
- 오컬트 구상화 기법

- 뉴에이지의 인간정신력의 힘
- 신사상운동
- 적극적 사고, 긍정의 힘
- 끌어당김의 법칙
- 양자역학
- 상상력의 힘

이들의 사상을 통칭하여 마법 혹은 끌어당김의 법칙이라고 한다. 이들은 우주는 비인격적 에너지로 가득 차 있으며, 우주의 정신이 우주에너지를 결합하여 자연만물과 인간을 창조하였다고 주장한다. 그러므로 자연만물과 인간 안에도 우주에너지가 깃들어 있으며, 인간 안에 우주의 정신인 인간 정신력의 힘이 있으므로 인간은 창조적 능력이 있다고 한다. 그래서 인간이 신이라고 주장한다. 이들은 인간이 염원을 가지고 생각, 구상화, 말, 행위를 하면 인간의 정신 에너지가 우주로 발산되어 우주에너지를 결합한다고 한다. 그러면 우주는 인간이 원하는 것을 물질화하여 인간에게 끌어다주므로 인간은 자신이 원하는 것을 창조할 수 있는 창조주로 승격된다는 것이다. 이때 인간의 염원, 생각, 구상화, 말, 행동은 인간이 신이 되는 수단으로 작용한다.

기독교에 사차원 영성이 있다. 사차원 영성은 4차원은 영적 세계이며, 3차원을 지배한다고 주장한다. 영적 세계인 4차원의 주요 요소로는 꿈, 믿음, 생각, 말이 있는데 성도는 3차원적 존재이면서도 4차원적 요소를 가지고 있으므로 성도 안에 있는 4차원적 요소를 잘 개발하면 4차원을 변화 시켜 3차원을 지배한다는 영성이다. 이를 좀 더 쉽게 말하면 4차원 즉 영적세계를 4차원적 요소 즉 영적세계를 바꿀 수 있는 수단인 꿈, 믿음, 생각 구상화 말을 잘 사용하면 영적세계를 변화시켜 변화된 만큼 물질계를 지배한다는 것을 말하는 것이다.

이를 더 쉽게 말하면 성도가 자신의 영적 세계를 꿈, 믿음, 생각, 구상화, 말로 변화시키고 믿음으로 하나님의 응답을 이끌어내어 성도 자신이 원하는 물질적 삶을 살 수 있다고 하는 것을 말한다. 즉 성도가 영적 세계를 통제하여 자신의 물질적 삶을 지배하고 살자는 이야기이다.

성도가 4차원적 요소인 꿈, 믿음, 생각, 말을 잘 부화하고 개발하면, 4차원을 변화시키고, 하나님의 응답이 임하여 성도는 자신이 사는 3차원을 지배하고 살 수 있다고 주장하는 4차원 영성은 사실 기독교와는 별 상관없는 이야기이다.

4차원의 세계를 변화 시켜 3차원을 지배하는 사차원 영성의 주장은 인간의 꿈, 믿음, 생각, 말로 영계를 바꾸어 물질계를 변화시키자는 이야기와 똑같은 것이다. 이는 인간의 염원과 생각, 구상화, 말을 사용하여 영계를 조작하여 인간의 물질적 삶에 변화를 가져왔던 모든 마법사와 주술사들이 행하였던 술법이 기독교의 모습으로 둔갑한 것에 다름이 아니다. 그러나 사차원 영성가들은 마법과 주술사들의 행한 술법을 기독교에 끌어들였다는 비판을 겸허히 수용하고 고치려고 하기보다는 오히려 자신들이 주장하는 4차원 영성의 핵심이론을 끌어당김의 마법에서 악한 4차원으로 잘 사용하고 있다고 반박하고 있다. 반대로 끌어당김의 마법의 세력들은 기독교 일각에서 마법의 주장을 성경으로 포장하고 하나님의 응답으로 대체한 것에 대해 비웃고 있는 실정이다.

끌어당김의 마법과 사차원 영성의 주장은 본질상 같은 이야기다. 차이가 있다면 끌어당김 마법의 주장은 고대로부터 현대에 이르기까지 일관성 있게 지속되었고 4차원 영성은 인간은 적극적 사고를 통해 자신이 원하는 것을 이룰 수 있다는 20세기 뉴에이지의 사조의 하나인 신사상운동을 가장 강력하게 기독교화 시킨 것이다. 그러므로 4차원 영성이 끌어당김의 마법을 교회 안으로 습합시켜 기독교화한 것이라고 판단하는 것이 정직한 판단일 것이다.

끌어당김의 마법과 사차원 영성은 동일한 주장을 한다.

① 불타는 소원을 갖는다.

② 소원을 이루기 위해 간절하게 계속해서 생각한다.

③ 현실에서 소원이 이미 이루어진 것처럼 생생하고 선명하게 그린다.

④ 소원이 이미 이룬 것처럼 과거 완료형으로 이루어질 때까지 반복

해서 말한다.

인간이 소원을 갖고 소원을 이루기 위해 사용하는 수단이 끌어
당김의 마법과 4차원 영성이 동일하다. 차이가 있다면 소원을 이
루어 주는 존재가 마법에서는 우주에너지의 결합이고, 4차원 영성
에서는 하나님일 뿐이다. 그러나 우주든 하나님이든 스스로 어떤
행위를 하는 게 아니라 인간이 소원을 이루기 위해 사용하는 생
각, 구상화, 말이라는 수단에 우주나 하나님이 반응하여 인간의 소
원을 이루어주므로 궁극적으로는 인간이 우주나 하나님보다 우위
에 서게 되는 결과를 가져온다. 인간이 우주이건, 하나님이건 마음
대로 이용하는 창조주의 위치에 서게 되는 결과를 가져오는 것이
다. 그리고 결국 인간이 신이 되는 데까지 이르게 된다.

인간은 하나님을 떠나 사단에 순종하여 선악과를 따 먹는다. 인간은 왜 선악과를 따 먹고 싶었을까? 바로 신이 되고 싶어서였다. 그렇다면 인간이 신이라는 끌어당김의 마법은 인간이 신이 되라고 하와를 속였던 사단의 여전한 속삭임 아닌가? 끌어당김의 마법과 기독교의 4차원 영성이 같은 목적지를 지향한다면 기독교의 4차원 영성의 본질은 기독교가 아니라 마법과 가까울 수 있다.

과연 끌어당김의 마법과 4차원 영성이 말하는 인간이 소원과 꿈을 품고, 믿음을 가지고, 생각하고, 구상화하고, 완료형으로 말하고, 행동하면 우주가 인간의 소원을 물질화하여 끌어당겨줄까? 아니면 하나님이 응답해 주시는 걸까? 아니면 끌어당김의 마법과 4차원 영성에는 그들도 알지 못하는 미혹이 있지 않을까?

인간이 끌어당김의 마법과 4차원 영성의 원리를 실행하면 우주나 하나님이 응답하셔서 인간의 소원을 이루어주는 것일까? 답은 아니다. 절대 아니다 이다.

아니라는 답을 통해 끌어당김의 마법과 4차원 영성의 주장은 허구이며 동시에 끌어당김의 마법과 4차원 영성을 실행하므로 일어났던 수많은 기적 역시 우주나 하나님의 응답이 아니었다고 말할 수 있다. 끌어당김의 마법사들과 4차원 영성가들은 자신들의 주장의 본질이 무엇인지 정확히 몰랐을 것이다. 이 사상의 주창자들은 영적 지식이 깊지 못한 상태에서 주장을 만들어 내었고, 그것을 계승한 자들 역시 영적 지식과 통찰을 갖지 못한 채 그저 배운 대로 전하고 행동한 것이다. 그래서 고대로부터 현대에 이르기까지 끌어당김의 마법은 화석처럼 같은 이야기를 지금까지 하고 있고, 4차원 영성가들 역시 한결같이 자신들이 배운 소리를 되풀이 할 뿐이다. 솔직히 자신들이 무슨 소리를 하는지 모르고 하는 사람도 많을 것이다. 다만 기적이 나타났다면 간증만이 부가되었을 뿐이다.

그러나 끌어당김의 마법과 4차원 영성의 주장처럼 인간이 원하는 것을 얻기 위해 꿈을 가지고, 믿음으로 간절히 생각하고, 얻은 것처럼 생생하게 그리고, 이미 얻은 것처럼 완료형으로 말하고, 행동하면 인간은 기적처럼 자신이 원하는 것을 얻는 경우가 많다. 그것이 끌어당김의 마법에서 말하는 우주에너지가 결합되어 물질이 되어 인간에게 끌어당겨진 것일까? 아니면 하나님이 성도의 4차원적 기도와 믿음에 응답하신 것일까? 그들은 지금껏 그렇게 믿었고 수많은 사람들에게 그렇게 가르쳐왔다.

그러나 단언컨대 아니라는 것이다.

그렇다면 정말 인간의 소원이 이루어진 것은 어떻게 해석하고 분별해야 하는가? 이것에 대한 올바른 분별을 통해 끌어당김의 마법과 4차원 영성의 본질을 바르게 파악해야 한다. 바른 영분별을 하게 된다면 사단의 최고의 전략인 인간이 신이라는 사단의 숨은 속임수를 밝히게 된다.

끌어당김의 마법과 4차원 영성의 주장은 똑같다. 인간이 원하는 것을 얻기 위해 꿈을 가지고, 믿음으로 간절히 생각하고, 얻은 것처럼 생생하게 그리고, 이미 얻은 것처럼 완료형으로 말하고, 행동하면 마법은 우주에너지를 결합해서, 4차원 영성은 하나님이 응답하셔서 인간의 소원이 이루어진다고 한다. 그러나 아니라는 것이다. 이것은 생존의 목적을 가진 영들이 꿈, 믿음, 생각, 구상화, 말, 행동이라고 불리는 영적 에너지를 발산하여 자신이 깃든 인간이나 다른 존재의 영과 육을 조작하여 물질세계의 변화를 가져온 영적 조작행위일 뿐이다.

즉 끌어당김의 마법과 4차원 영성을 행하여 인간의 소원이 이루어진 기적적인 일들은 영들의 영적 에너지가 우주와 자연만물, 인간의 물질적 에너지와 영적 에너지를 조작하여 일어난 일이라는 것이다. 영들의 조작행위는 영적 변화를 일으키고, 영적 변화는 반드시 물질적 변화를 가져온다. 이것이 바로 마법의 끌어당김의 완성이고 4차원 영성의 기도응답의 실체다.

사단은 이러한 고도의 전략을 숨기고, 끌어당김의 마법사들에게 인간의 정신력의 창조적 힘은 우주에너지를 결합시켜 인간이 원하는 것을 끌어당겨준다고 속였다. 그리고 사단은 마법을 적극적 사고, 긍정의 힘, 사차원 영성으로 이름을 바꾸어 교회를 장악하였다. 그리고 기독교를 하나님의 뜻에 따르는 신본주의 종교에서, 인간의 욕망에 하나님이 응답하는 인본주의적 신비주의 소굴로 만들어버렸다. 사단에게 속은 4차원 영성가들은 끌어당김의 마법을 기독교에 습합시킨 것이다.

끌어당김의 마법과 4차원 영성에서 일어났던 소원성취와 기도응답의 실상은 영들이 생존하기 위해 생존목적인 염원을 생각, 구상화, 말이라는 영적 에너지를 발산하여 인간 안에 깃든 영이나 다른 존재의 영 또는 물질적 에너지를 조작하여, 물질세계에 변화를 가져온 영적 조작행위였다. 우주와 자연만물, 인간은 모두 영과 물질로 구성된 존재이며, 영이 물질적인 것을 지배하고 있다. 그러므로 영이 영적 조작을 행하게 되면, 물질적인 것에 변화가 일어나게 된다. 그러나 사람들은 이면에 역사하는 영의 행위를 보지 못하고 물질적 세계의 변화만을 주목하므로 모든 것이 단지 물질적 세계의 변화라고만 생각하게 된다.

세상의 존재형식은 평범한 일상이나, 놀라운 사건이나, 기적이라 불리는 초자연적 역사나 모두 영들의 행위와 영적 존재들 사이의 조작행위로 인해 벌어지는 일이다. 영의 조작행위가 완성되면 물질적 세계에 반드시 변화가 일어나는 것이 인간의 삶이며 역사인 것이다. 영적 조작행위를 알게 되면 마법이 인간을 속여 왔던 미혹과 4차원 영성이 하나님의 응답으로 성도를 미혹했던 거짓을 거의 밝혀낼 수 있다.

지금부터 영들의 행위인 영적 조작이 어떻게 일어나는지 생각해 보기로 한다.

에너지와 에너지가 결합하여 나타난 것이 물질이라면, 에너지와 물질은 동일한 원소로 구성되어 있다고 할 수 있다. 영적 존재도 에너지로 구성되어 있고, 우주와 만물, 인간 안에 깃들어 있다면 영적 존재 역시 우주의 물질적 에너지와 자연만물, 인간과 같은 원소구조를 가지고 있을 개연성이 높다고 판단할 수 있다.

영적 존재는 생존을 목적으로 하는 존재다. 즉 살아있는 존재이며 살아야 하는 존재다. 생존을 목적으로 하는 영적 존재는 힘과 지, 정, 의를 가진 인격적 존재로 비인격적 물질적 에너지와 자연만물과 인간보다 훨씬 상위의 존재다. 영적 존재와 영적 존재의 에너지가 비록 우주의 물질적 에너지와 자연만물 그리고 인간과 같은 원소로 구성되었다고 가정한다고 해도, 영적 존재는 이러한 원소의 구성을 초월할 수 있거나, 자유자재로 결합시킬 수 있고, 변형시킬 수 있고, 파괴할 수 있는 능력이 있다면 영적 세계가 물질적 세계를 지배하고 다스린다는 이론이 설명될 수 있다.

이것을 달리 표현하면 영적 존재가 자신의 생존을 위해 힘과 지, 정, 의를 가지고 우주의 물질적 에너지와 자연만물, 인간의 원소구성을 초월하거나, 결합시키거나, 변형하거나, 파괴하는 행위가 물질적으로 계속해서 나타난 것이 우주와 자연만물 그리고 인간의 실존일 것이다. 따라서 영들의 존재와 행위로 인해 물질계는 기계적으로 움직이면서, 동시에 기계적이지 않고, 인과적으로 움직이면서도, 인과율에 적용받지 않고, 물질적 원리에 제한받으면서, 제한되지 않는 초자연적 역사와 기적이 일어나는 것이다. 즉 물질적 세계란 영들이 영적 에너지로 다른 존재들의 원소구성을 바꾸는 영적 조작행위로 인해 끊임없이 변화한다. 그러므로 영들의 영적 조작행위로 인해 물질계가 변화되는 것이 우주와 자연만물의 실존이며 인간의 운명이 아닌가 생각해 보았다.

영의 조작행위가 일어나 물질계에 변화가 일어나는 과정에 대한 가설을 전개하면 다음과 같다.

① 영은 눈에 안 보일 뿐이지, 비가시적 에너지로 존재한다.

② 영은 생존의 목적을 지닌 존재로, 지, 정, 의와 힘을 가지고 물질적 에너지와 동일한 원소를 갖고 있을지도 모른다.

③ 영은 물질적 에너지와 동일한 원소를 갖고 있으면서도 물질적 에너지의 원리들과 원소를 초월하기도 하고, 조종하고, 결합하고, 변화 시켜 에너지와 물질을 지배할 수 있을지 모른다.

④ 영은 물질적 에너지와 동일한 원소들을 가지고 있으면서도, 시간

과 공간을 초월할 수 있으며, 스스로 물질화되어 나타날 수도 있고, 다른 물질을 변형시킬 수도 있다.

⑤ 영은 다른 영들과 결합하거나 다른 영들을 조작하여 에너지를 물질화시킬 수 있고, 이미 존재하는 물질을 다른 형태로 변화시킬 수 있다.

⑥ 영은 원소를 뛰어넘어 물질의 원소들을 다스리고, 지배할 수 있고, 바꿀 수 있는 능력이 있다고 볼 수 있다.

그렇다면 영들의 조작행위는 어떻게 행해지는 것일까?
영들의 조작행위는 세 가지로 분석할 수 있다.

① 영이 조작을 하려는 자기 영을 활성화하거나, 다른 영을 끌어당겨 자기 안에 있는 어떤 영을 조작하여 자기가 깃든 인간의 물질적 삶을 변화시킨다. 변화는 선하거나 악하게 나타난다.

② 영이 조작을 하려는 자기 영을 활성화하거나, 다른 영과 결합하여 타인이나 만물의 영을 조작하여 물질의 현상계를 변화시킬 수 있다. 변화는 선하거나 악하게 나타난다.

③ 영이 조작을 하려는 자기 영과 다른 영을 결합하여, 우주의 영적 에너지와 물질적 에너지를 조작하거나 결합, 변형 시켜 물질계를

변화시킬 수 있다. 변화는 선하거나 악하게 나타난다.

이를 구체적으로 사례를 들어 설명하면 다음과 같다.

(1) 조작을 하려는 자기 영을 활성화하거나 다른 영을 끌어당겨 자신이 깃든 인간 안에 있는 어떤 영을 조작하여 인간의 물질적 삶을 변화시키는 경우

〈사례 1〉 암이라는 질병은 암이라는 힘을 가진 영이 육체로 나타난 것이라고 볼 수 있다. 만약 A라는 사람이 암에 걸렸다고 할 때, 영적으로 해석하면 A는 암이라는 영으로부터 육체가 조작당하여 암이라는 형태의 물질적 변화인 질병의 고통을 겪게 된 것이다. 암이라는 영의 힘이 A라는 사람의 영과 육체의 힘을 이겨서, 그 육체의 일부를 암의 형태로 에너지구조를 변형시킨 것이다.

A는 병원에 가서 암에 대해 치료를 받거나 수술을 하여 암을 완치할 수 있다. 이러한 행위는 의료와 의술이라는 외부적 힘의 도움으로 암이라는 물질적 변화를 제거하는 것이다. 그러나 암을 가지고 온 영과 그 에너지를 제거하지 못하면 암이 재발하거나 다른

형태의 질병으로 재발병 되는 경우를 흔히 볼 수 있다.

　심지어는 암을 가지고 온 영이 A에게서 떠나지만, A의 가족인 B에게 들어간다. 그때 A는 암에서 치유되지만 비슷한 시기에 B가 동일한 암에 걸리는 경우를 종종 볼 수 있는 것이 바로 이런 영적 이치 때문이다. 이 사례에서 보듯 영적 존재의 행위가 질병이라는 물질적 변화로 나타난 것은 영적 존재가 인간의 육체의 정상적 구조를 암의 구조로 바꾸었기 때문이라고 볼 수 있다.

　그런데 A가 의술의 도움을 받으면서 동시에 자신은 나았다고 암시를 하고, 굳게 믿으며, 건강하다는 생각을 집중적으로 계속하고, 암에서 낫고 건강한 자신의 모습을 생생하게 그리고, 이미 나았다고 선포할 때, 정말 암이 낫는 경우가 있다. 이런 경우 인간의 염원, 생각, 구상화, 말은 우주에너지의 원소를 결합시켜 물질화하여 인간이 원하는 것을 끌어당겨 실재화 해준다는 마법과는 무언가 좀 다르다는 것을 알 수 있다. 동시에 암에 걸린 성도가 낫기를 꿈꾸고, 나았다고 생각하고, 상상하고, 말하면 하나님이 응답을 해주신다는 것도 맞지 않는 무언가를 느낄 수 있다.

　병이 나은 것이 마법에서 말하는 것처럼 우주에너지가 결합하여 물질하여 나타난 현상인가?

병이 나은 것이 성도가 치유를 위해 사차원적 요소인 꿈, 믿음, 생각, 구상화, 말을 잘 프로그래밍한 것에 대해 하나님의 신유로 응답하신 것인가?

만약 그렇다면 병에 대해 나았다고, 믿고, 생각하고, 나은 것을 구상화하고, 말하는 모든 인간은 질병에서 치유되어야 한다. 그런데 현실은 대부분의 사람은 낫지 않고 소수만 낫는다는 것이다. 그러므로 이러한 현상은 마법도 아니고 하나님의 응답도 아니라는 것이다. 이것은 바로 인간 자신 안에 있는 영의 내적 조작으로 밖에는 설명이 되지 않는다.

즉 A가 자신이 걸린 암에 대해 나을 것을 꿈꾸며, 나았다고 믿고, 나은 것을 간절히 집중적으로 생각하고, 암에서 나은 자기 모습을 생생하게 구상화하고, 나았다고 계속 말하는 것의 영적 실상은 A 안에 들어온 암을 가져온 영에 대한 영적 대적을 하는 것이다. 암이라는 질병에 A가 반대되는 영적 힘을 계속해서 반복적으로 가하므로 A 자신에게 건강의 영적 힘을 불어넣고, 동시에 자신에게 암을 가져온 영을 대적하여 그 영을 쫓아내었기 때문에 A가 암에서 치유가 된 것이다.

이것은 A가 자신에게 행한 자기 영의 내적조작이다. 그러므로 이러한 행위는 인과율처럼 모두에게 일어나는 것이 아니라 암의 영보다 강한 힘을 갖게 되는 사람들의 일부에서 일어나는 것이다. 이것이 전제로 서면 이런 류에 대한 설명이 거의 가능하게 된다. 즉 A가 행한 자기 영의 내적 조작행위로 인해 질병의 영이 쫓겨나므로 치유가 된다. 그것은 A 안에 있는 영이 자기 조작을 통해 질병의 영을 쫓아내므로 질병의 영이 가져온 A 몸 구조의 변화가 본래 상태로 정상화 한 것이라 볼 수 있다.

〈사례2〉 B는 다리에 문제가 생겨 잘 걷지 못하고 절룩거리고 다녔다. 그러던 중에 누군가가 B에게 "하나님이 고쳐주셨다", "나는 나았다"라고 말하면 정말 하나님이 응답해 주신다는 말을 듣게 되었다. B는 그날부터 "예수께서 채찍에 맞음으로 내가 나았다"라는 말을 수없이 하며, 다리가 치유되기를 소망하였다. 한 달이 지나도, 두 달이 지나도, 다리가 아픈 것이 차도는 없었지만, B는 실망하지 않고 믿음을 가지고 계속해서 "예수께서 채찍에 맞음으로 나았다"라는 말을 주문처럼 반복하였고, 믿음으로 나은 것을 상상하고, 건강하다고 선포하였다. 그러자 정말 기도처럼 응답이 임하여 B는 다리가 완전히 나았다. 이런 경우 B와 대부분의 사람들은 하나님이 B의 기도에 응답해 주셨다고 믿게 된다.

그러나 이런 경우의 실상은 질병과 사고의 영이 B의 다리에 문제를 일으켜 B의 다리에 고통스러운 물질적변화가 온 것이다. 그런데 B가 말이라는 자기 안에 영적 힘을 가지고 "예수께서 채찍에 맞음으로 내가 나았다"라고 계속 선포하는 영적행위를 통해 B의 다리에 고통을 주었던 영이 쫓겨나고, 질병과 사고의 영이 다리에 고통을 주었던 신체의 변화가 정상이 된 것이다. 이런 연유로 B가 치유된 것이지 하나님의 응답이 아니라는 것이다.

이것은 남묘호렌겐교 등의 주문행위처럼, 영을 초혼하여 자신의 문제를 해결하는 세상의 모든 주문과 주술행위로 인해 기적이 일어나는 영적 원리와 같은 것이다. 그런데 사람들은 자신이 믿는 신의 이름으로 주문 같은 기도를 반복할 때, 치유가 임하면 자신이 믿는 신이 응답했다고 그저 믿는 것이다. 그러나 영적 실상은 믿음, 생각, 구상화, 말이라는 주술적 영적 수단을 통해 자기의 영의 영적 조작행위든지 아니면 비슷한 다른 영을 끌어들여 그 영과 결합하여 자기 안에 문제를 가지고 와서 고통을 주었던 영을 쫓아내는 것이며 영을 쫓아냄을 통해 쫓아낸 영이 가져왔던 문제적 삶이 정상화되는 자기 영의 내적 조작행위를 통해 삶의 물질적 변화를 가져오는 것이다.

〈사례 3〉 죽을병에 걸린 C가 자신에게 고통을 주고 있는 병에 대해 "너는 내가 아니야"라고 반복해서 말을 한다. 시간을 정해 놓고 선포하고, 집중하여 죽을병에 대해 "너는 내가 아니야"라고 선포할 때, 무형의 존재인 죽을병을 가져온 크고 검은 영적 존재가 C의 몸에서 빠져나가는 경험담이 있다.

이러한 사례들은 인간에게 나타난 문제의 이면은 영들이 문제의 원인인 경우가 많다는 것을 보여준다. 영들이 문제를 일으키면 인간의 물질적 삶에 문제가 생긴다. 영들의 행위로 인해 문제가 일어나는 원리는 영들의 에너지 조작으로 인해 존재의 물질적 구조에 변화로 야기되는 것으로 판단할 수 있다.

이와 같은 영적 조작행위를 역설적으로 적용하면 문제를 겪고 있는 당사자가 자기 자신 안에 있는 문제의 영을 향해 반대되는 영적행위를 하므로 문제의 영에 대한 조작을 일으키면 문제의 영이 떠나게 되고 문제의 영이 가져온 문제도 함께 떠나므로 문제가 해결된다. 그러나 모든 사람이 반대의 영으로 문제의 영을 대적한다고 해서 문제의 영이 나가는 것은 아니다. 이것이 바로 사람의 영력차이인 것이다. 영력이 강한 자가 자기 영의 내적 조작을 시도할 때 기적처럼 더 많이 문제가 해결되지만, 어떤 사람이 같은 행위를 해도 문제가 쉽게 해결되지 않는 것이 바로 영력의 차이 때문이다.

(2) 자기 영을 활성화하거나 다른 영과 결합하여 타인이나 만물의 영을 조작하여 물질의 현상계를 변화시킬 수 있다.

〈사례 1〉 A라는 사람이 B의 집이 너무 좋아 매일 밤 12시에 작정기도 하듯이 B의 집에 담벼락을 붙잡고 "B의 집은 내게 올지어다"라고 간절히 원하고, 얻은 것처럼 집중적으로 생각하고, 이미 얻은 것처럼 생생하게 이미지를 그리는 구상화를 행하고, 이미 얻은 것처럼 반복적으로 말을 하였다. 마법의 끌어당김의 논리로 하면 A의 간절함이 원소를 결합하여 B의 집이 A에게 통째로 집 자체가 끌어당겨져 주어져야 하거나, 하늘에서 B의 집과 똑같은 집이 만들어져 떨어져야 하는데 실상은 그렇지 않다.

B의 집이 A에게 왔다면 그것은 집 자체가 온 것이 아니라 B의 집의 소유권이 온 것이다. B의 집이 물질화하여 나타난 것이 아니라 소유권이 이동되어 B의 집이 A의 집이 된 것이다. 이로써 마법류들 즉 끌어당김의 법칙이 말하는 것들에 문제가 있음을 볼 수 있다.

이 문제를 4차원 영성으로 해석하면 A가 B의 집을 갖고 싶다는 간절한 꿈과 믿음, 생각과 구상화를 행하고, B의 집은 이미 A의 집이라고 반복해서 선포하는 A의 4차원적 행위에 응답해서서, 하나님께서 B의 집을 무상으로 A에게 주셨다고 한다면 하나님은 공의롭지 못하시다. 공의롭지 못한 하나님의 처사로 세상은 온통 염력이 강한 자가 지배하는 괴상한 세상이 될 것이다. 도대체 하나님이 기독교신자가 마법에서 사용하는 꿈, 믿음, 생각, 구상화, 말이라는 이교 수단을 사용하여 타인의 집을 자기 돈 한 푼 안 들이고 얻게 해달라는 기도에 응답하실 이유가 무엇인가! 하나님은 성도가 4차원 요소에 합당하게 기도하면, 남의 집을 빼앗아서라도 성도의 기도에 응답해주신다는 말인가? 아니라는 것이다.

본래 제대로 된 성도라면 자기 돈 하나도 안 들이고, 남의 집을 달라고 기도하지 않을 것이다. 제대로 된 목사님이라면 자기 돈 하나도 안들이고 남의 집을 달라는 기도를 가르치지 않을 것이다. 오히려 세상에서 정직하고 성실하게 일하여 돈을 벌어 집을 사라고 가르칠 것이다. 따라서 하나님이 잘못되고 옳지 못한 탐욕스러운 기도에 응답해주실 리가 없다. 그러므로 설령 응답 같은 기적이 일어난다 해도 하나님의 응답이 아니라는 것이다.

그렇다면 위의 예에서 보듯 이것은 마법의 끌어당김도 아니고, 사차원의 하나님의 응답도 아니라면 이러한 일이 실제로 일어나는 이유는 무엇일까?

A가 B의 집을 얻기 위해 간절히 믿고, 날마다 그 집에 대해 얻을 것을 생각하고, 얻은 것으로 구상화하고, 얻었다고 완료형으로 선포하여 마침내 B의 집을 무상으로 얻게 된다면 그것은 우주에서 B의 집이 물질화하여 끌어당겨 준 것도 아니고, 하나님의 응답으로 된 일도 아니다. 그것은 B가 B의 집문서를 A에게 헐값에 양도하였거나 무상으로 증여하여 소유권을 넘기는 형태로 나타난다. 그러면서 B가 A에게 말하길 몇 달 전부터 당신 얼굴이 계속 떠오르면서 당신에게 내 땅을 주어야겠다는 마음이 강하게 생겨서 참다 참다 못해 내 땅을 당신에게 주는 것이라고 말을 한다.

이것이 끌어당김의 마법이겠는가? 사차원의 하나님의 응답이 겠는가?

이것은 A 안에 역사하는 탐욕의 영이 B의 땅에 대한 강한 탐심을 갖고, B의 땅을 소유할 것을 꿈꾸고, 소유한 것으로 생각하고, 구상화하고, 말을 반복적으로 함을 통해 A 안에 탐심의 영의 에너지가 혼자 혹은 다른 영들을 끌어들여서 B의 영을 조작하여 A의 염원대로 B의 생각을 바꾼 것이다. 이 사건은 B가 A에게 영적조종을 당하여 B의 땅을 A에게 넘기는 물질적 변화로 나타난 것이다. B는 자신의 영을 조작한 A에게 땅을 도적질 당한 것이다.

〈사례 2〉 C목사가 있었다. 그는 D의 땅의 부지가 넓고, 좋아 보여서 교회를 하면 좋겠다고 생각하였다. 그는 밤마다 D의 땅이 있는 곳으로 가서, 땅을 밟으며, 하나님께 이 땅이 자기 소유가 되게 해달라고 기도하였다. C목사는 날마다 D의 땅은 "내게 오라 내 것이다"라고 선포하며, D의 땅은 이미 자신의 것이라고 생각하고, 이미 그 땅에서 교회가 세워지는 그림을 그리며, D의 땅은 자신의 것이며, 그곳에 교회가 세워졌다고 매일 같이 반복해서 기도하였다. 기도한 지 2년쯤 되는 어느 날 갑자기 D가 C목사에게 와서 "하나님이 나의 땅을 목사님께 드리라는 감동이 계속 와서 거절했지만 더 이상 하나님이 주시는 감동을 거절할 수 없어 목사님께 저의 땅을 바친다"라고 하면서 자기의 땅을 C목사에게 무상으로 증여하게 된다.

하나님께 2년을 죽기 살기로 기도하고 꿈을 꾸며 선포했던 C목사는 자신에게 베푸신 하나님의 크신 은총에 감격하게 된다.

과연 이것이 하나님이 교회를 세우길 원하는 C목사의 간절한 기도에 응답하신 것일까? 아니다.

교회를 세우는 것이 중요해도, 하나님이 타인의 물질을 빼앗아 C목사에게 주신다는 것은 하나님의 공의와 맞지 않는 것이다. 이러한 일이 벌어진 것은 C목사가 D의 땅에 대해 가졌던 소유욕의 영적 에너지가 혼자, 혹은 다른 영과 결합하여 D라는 사람의 영을 조작하여 하나님의 감동으로 빙자되게 만든 것이다. C목사의 영적 에너지에 조작당한 D가 자신에게 임한 C목사의 영적 조종의 행위를 하나님의 감동으로 오해하고, 자신의 땅을 C목사에게 바친 것이다. C목사의 염원을 가진 기도행위가 D의 영혼을 조작하여 D

로 하여금 C에게 땅을 바치게 한 것이다. 그러므로 D가 받은 감동은 하나님이 주신 것이 아니라 C의 영적 조종으로 인해 벌어진 감정이다. 따라서 D는 자기의 영혼을 조작하고 조종한 C에게 자기 땅을 갖다 바치면서도 하나님의 감동이었다고 생각하게 된다. 이것은 하나님의 이름으로 C목사가 행한 영적 도적질이다. 이러한 사례들을 통해 끌어당김의 마법과 사차원 영성의 행위가 하나님께 얼마나 옳지 못한 행위인가를 분별할 수 있게 된다.

인간의 염원과 염원의 성취를 위한 인간의 믿음, 생각, 구상화, 말은 강한 영적 에너지를 발산하여, 자기 영이 스스로 하든 다른 영을 끌어들여 함께 하든 타인의 영을 조작하고, 조종할 수 있다. 인간의 영이 조종당하면 반드시 물질적 삶의 변화로 나타난다. 이것이 마법과 사차원 영성에서 일어났던 수많은 기적의 실체다. 그들이 일으킨 기적의 상당 부분은 영적 조종에 의한 물질적 삶이 바뀌는 특이한 변화이며 결과라는 것이다.

〈사례 3〉 결혼 못 한 여자가 남편감에 대해 구체적으로 기도하고, 이루어질 것을 생각하고, 남편감과 결혼한 것처럼 상상하고, 이미 결혼한 것처럼 말을 하였다. 1년을 꾸준히 기도한 어느 날 구체적으로 기도했던 기도내용과 똑같은 남자를 만나게 되어 결혼하게 된다.

만약 이것을 마법 식으로 해석하면 노처녀의 생각대로 우주에너지가 결합하여 기도문에 적힌 대로 남자를 만들어서 끌어당겨 주어야 한다. 마치 3D프린트로 찍어 내듯 남자를 만들어 끌어당겨주어야 한다는 말이다. 그러나 남자는 우주에서 만들어져 떨어진 것이 아니다. 반대로 사차원 영성의 논리대로 한다면 하나님이 노처녀의 기특한 기도에 응답해주신 것이다. 그렇다면 하나님은 노처녀의 남편감이 될 남자에 대해서는 비정하신 하나님이 될 것이다.

이 사례 역시 노처녀가 자신이 원하는 남편감에 대한 간절한 소원과 믿음, 생각과 구상화, 말이라는 강한 영적 에너지를 발산하여 노처녀의 기도문에 기록된 것 같은 어떤 남자의 영을 조종하여 노처녀와 결혼하게 된 것이다. 자신들은 지금 결혼해서 잘살고 있고 행복하며 하나님은 자신들의 구체적인 기도에 응답하였다고 간증하고 다닐지 몰라도 실상은 노처녀의 영이 남자의 영을 조종하여 물질적 삶을 변화시킨 것이다. 세상과 인간사는 평범하든 비범하든 초자연적이든 거의 이런 이치로 돌아간다고 볼 수 있다.

<사례 4> 장희빈이 민비를 죽이려고, 마음먹고, 민비가 죽는 것을 소망하고, 꿈꾸며, 생각하고, 마침내 주술사를 동원하여 민비 화상을 걸고 화살을 쏘았다. 민비는 주술사가 자신의 화상에 화살을 쏠 때마다 영문도 모르고 고통을 당한다. 만약 이것을 마법과 사차원 영성으로 해석하면 장희빈의 저주대로 민비가 끌어당겨져 고통을 당하는 것이며, 하나님이 장희빈의 간절한 소원에 응답하셔서 민비에게 고통을 주신 것이라고 해석해야 한다. 그러나 절대 아니지 않는가!

장희빈과 주술사가 민비의 화상에 화살을 쏘는 저주를 실행한 것은 장희빈의 악과 저주의 에너지가 민비의 영혼을 공격하게 되었고, 민비의 영혼이 극심하게 고통을 당하게 되자, 민비는 육체적으로도 극심한 고통을 당하게 된 것이다. 이런 식의 예들은 비일비재할 것이다.

<사례 5> A가 돈 10억이 급히 필요하였다. 매일 같이 간절히 10억에 대해 생각하고, 10억이 자신의 수중에 있는 것처럼 구상화하고, 10억은 이미 내 돈이라고 선포하였다. 마음은 갑갑하였지만 그렇게 하면 기적적으로 돈이 들어온다는 말을 듣고, 열심히 해 보

았다. 그런데 어느 날 정말 B가 A에게 와서 "당신에게 돈을 주어야 한다는 강한 생각이 들어 집을 사려고 모아 둔 돈이 있었는데 집을 사지 않고 당신에게 10억을 주겠다"라고 말을 한다.

마법의 끌어당김으로 한다면 A에게는 하늘에서 돈 10억이 새롭게 만들어져 떨어져야 한다. 사차원 영성으로 한다면 하나님이 응답하셔야 한다. 그러나 이 사례 역시 하늘에서 10억 뭉치가 만들어져 떨어진 것이 아니고, 하나님이 B가 한푼 두푼 모아 집 사려고 만든 10억을 이유 없이 A에게 주라고 하실 리가 없다. 혹자는 A가 목사이고 교회를 세우는 일이니, 하나님이 기적적으로 역사하시는 것으로 생각할지 모른다. 그러나 하나님은 세상의 수고와 노동을 통해 물질이 일어나게 하시지, 타인의 재산을 무상으로 얻기 위해 소위 사차원적 요소라며 포장된 꿈, 믿음, 생각, 말이라는 이교적 수단을 사용하는 탐욕스러운 목사나 성도의 기도에 응답하시지 않는다.

그렇다면 이 사례 역시 A의 10억에 대한 간절함과 생각, 상상, 말의 영적 에너지가 스스로 혹은 다른 영들을 끌어들이고 결합하여 세상에 존재하는 돈을 가진 사람들의 영을 조작하는데, 그들 가운데 B가 영적으로 조작당하여 A에게 그 돈을 주었다고 봐야 한다. 이러한 영적 실체를 안다면 사람이 진리라고 확신하는 것의 이면이 얼마나 다를 수 있는지 경계하지 않을 수 없다.

타인의 병을 고치는 것도 마찬가지다. 선한 마음으로 기도할 때 신이 응답하여 고쳐주는 경우도 있다. 그러나 기도자의 영적 힘이 타인에게 고통을 주는 질병의 영을 대적하여 질병의 영을 조작하고, 쫓아냄으로 병이 낫게 되어 타인의 신체에 물질적 변화를 가져오는 경우가 많다. 이런 식의 사례들은 너무 많다.

인간의 간절한 염원과 그것을 믿고, 그 염원이 이루어질 것을 집중적으로 생각하고, 이룬 것처럼 생생하게 그리고, 이룬 것처럼 말하고, 이룬 것처럼 행동하는 것은 인간이 다른 사람이나 자연 만물의 영들을 조작하는 영적 조작행위다. 이러한 영적 조작행위를 통해 영이 조작당한 사람은 조작한 사람이 원하는 대로 행동하게 된다. 이것을 세상에는 최면, 세뇌 혹은 백주술, 흑주술이라고 하는 것이다.

그러므로 조작자보다 조작을 당하는 자의 영이 약하면 영이 조작을 당하여 조작자의 뜻대로 행동한다. 반대로 조작을 당한 자의 영이 강하면 조작을 당하지 않는다. 오히려 조작행위가 조작자에게 되돌아가 조작자가 극심한 고통을 당하게 된다. 그래서 세상에서 누군가를 미워하면 그 사람이 미움을 받을 만한 사람이 아니면, 그 미움이 미워한 자에게 되돌아온다는 이치가 바로 이것이다.

마법과 사차원 영성이 주장하는 인간이 염원을 믿고, 이룬 것으로 생각하고, 구상화하고, 이미 이룬 것처럼 말을 하는 것은 우주의 에너지인 원소가 결합되어 물질화되는 것도 아니고, 하나님의 응답도 아니다. 이것은 인간 안에서 역사하는 염원의 영이 자신이 깃든 인간이나 다른 인간, 자연만물에 깃든 영을 조작하거나, 영계를 조종하여 염원의 영이 원하는 대로 물질적 변화를 일으켜 나타난 결과일 뿐이다. 그 영적 결국은 영적 조작이며 악하게 조작되어 타인에게 고통을 줄 때 최악의 경우 그것을 영적 도적질이라 부르고 흑주술을 행했다고 하는 것이다.

끌어당김의 마법과 사차원 영성의 죄가 바로 이것이다. 영의 조작을 통해 하나님의 피조세계를 혼란시키고, 자기 영의 이익을 위해 타인의 영을 조종하고, 타인의 삶을 지배하는 탐욕이 정당화되는 원리를 가르치고 실천하게 하는 것이 이들의 영적 실체다.

(3) 자기 영으로 다른 영을 결합하여 물리학의 원리를 초
월하거나, 영적, 물질적 에너지를 조작, 결합, 변형시키
므로 물질의 현상계를 변화시킬 수 있다. 이로써 초자
연적 현상과 기적이 설명된다.

우주와 자연만물, 인간이 물질적 에너지와 영적 에너지의 결합
으로 가시적 형상으로 나타난 존재라면 물질적 에너지와 영적 에
너지 그리고 자연만물과 인간은 동일한 원소 즉 동일한 에너지로
존재하지 않을까 하는 가정을 해 보았다. 즉 영적 에너지인 영도
물질적 에너지와 가시적 우주와 자연만물 그리고 인간과 동일한
원소로 존재하는 것이 아닌가 생각해 보았다. 그 가설이 맞는다면
영적 세계의 비밀이 상당 부분 설명이 가능해진다고 할 수 있다.

영! 다른 말로 하면 귀와 신이며 비가시적으로 존재하는 실존적
존재다.

영적 존재는 생명을 가졌고 인간이나 자연처럼 살기 위해 투쟁
하는 존재다. 영은 생존을 목적으로 하는 힘을 가진 존재이며 지,
정, 의를 가진 인격적 존재로서 물질적 에너지와 자연만물과 인간

보다 훨씬 상위의 존재다. 그러므로 비가시적으로 존재하는 영적 존재는 물질적 에너지와 자연만물 그리고 인간과 같은 원소를 가졌다고 해도 시간과 공간, 물질적 법칙을 초월하는 지혜와 힘을 가지고 우주의 물질적 원리를 초월할 수 있고, 원소와 원소의 결합구조를 초월하거나, 자유롭게 결합시키거나, 변형시키거나, 파괴할 수 있지 않을까 하는 생각을 비약해 보았다.

중요한 핵심 포인트는 영적 존재가 힘과 지, 정, 의를 가지고 영의 생존을 위해 시 공간을 초월하기도 하고, 우주의 물리학적 원리를 초월하면서 동시에 우주의 물질적 에너지와 자연만물, 인간의 원소구조를 초월하거나 결합시키거나 변형하거나 파괴한다면 그것은 반드시 물질계에 나타난다. 이를 달리 말하면 영의 생존투쟁은 우주와 만물 그리고 인간의 삶의 역사를 지배하고 이끌어간다. 그러므로 세상의 역사와 인간의 삶은 영의 생존투쟁의 장이자 흔적이라고 볼 수 있다.

이러한 논리의 개연성이 높다면 영들의 존재와 행위로 인해 영적 에너지와 물질적 에너지가 공존하는 세계는 기계적이면서도 기계적이지 않고, 인과율에 적용되면서도 인과율에 적용받지 않고, 물리학의 원리에 제한받으면서, 동시에 물리학적 원리를 초월하는 초자연적 역사와 기적이 일어나는 것이 설명된다. 이것이 가능한 것은 영들이 자신들의 생존목적을 위해 힘의 강약으로 다른 영적 에너지와 함께 물질적 존재의 원소구조를 바꾸는 영적 조작행위 때문에 가능한 것이다. 따라서 물질계는 영들의 조작행위로 인한 에너지 변동으로 만들어지고, 변화되고, 파괴되며 존재하는 것이 우주와 자연만물의 실존이고 인간의 운명이라고 정의할 수 있다. 이것이 맞는다면 영의 신기원을 연 것이다.

〈사례 1〉 예를 들면 상갓집을 다녀온 후 정신이 이상해진 경우는 상갓집에 역사하는 영이 그 사람에게 들어와 정신을 사로잡았고, 그 영향이 육체에 나타난 것이다. 이런 사례는 많다. 즉 영이 인간의 몸에 직접 침입하면 인간은 어느 순간부터 침입한 영의 목적과 속성이 나타나고 그 영의 행위대로 삶을 살게 된다는 것이다.

〈사례 2〉 꿈에 돈이 생기는 꿈을 꾸게 되면 실제 삶에서 돈을 생기는 일이 벌어지는 일은 돈을 가져온 영이 돼지나 복권의 번호로 계시되어 나타나서 인간으로 하여금 행위를 하게 함으로 실제로 돈이 생기게 되는 것이다. 꿈에서 질병을 가져온 듯한 나쁜 영의 형상이 떠나면 병이 낫는 경우가 있다. 반대로 질병의 영이 들어오거나 질병으로 죽은 사람이 나타나면 해당 질병에 걸리는 일도 허다하다. 또한 사고가 나는 꿈을 꾸는 것은 그러한 일을 목적으로 하는 영이 꿈을 통해 들어와서 사고를 일으킬 것을 예고하는 것이든지, 안 좋은 일을 막아주려는 계시로 사고를 대적하면 사고가 막아지거나 경미해지는 것 등이 사례가 될 수 있다. 이러한 사례는 영적 존재가 인간의 영이나 육체에 직접 침입하여 일으키는 현상들이다.

〈사례 3〉 꿈이나 환상에 자신이 믿는 신적 존재의 모습이 나타나 자신의 문제에 빛을 비추는 경우 실제 삶에서 문제가 해결되는 것을 수없이 목도하게 된다.

이러한 사례들은 인간 삶 속에서 수없이 많을 것이다. 이것은 특정한 영이 인간에게 일방적으로 역사하여 인간의 삶을 변화시키는 것이다. 영과 육이 너무도 밀접하게 연결되었음을 말해주는 것이다.

〈사례 4〉 P가 암에 걸렸는데 암 덩어리가 나온 몸을 붙잡고 기도를 하였다. 그런데 다음날 정말 신기하게 암 덩어리 자체가 완전히 사라지고 암에서 나은 경우다.

이런 경우는 신의 치유가 임했다고 할 수 있는데, 신 역시 영적 존재이므로 영적 존재인 신의 강한 영적 에너지가 P의 몸에 침입하여 P의 육체 구조를 암의 원소형태로 바꾼 질병의 영을 쫓아냄으로 질병의 영이 가져온 P의 몸의 구조가 정상이 되어 나타난 결과라고 판단할 수 있다.

〈사례 5〉 수소와 산소가 결합되면 물이 되듯이 영적 존재가 결합하여도 물질화될 수 있다. 그렇기 때문에 암을 가져온 질병의 영이 인간 몸으로 들어오면 질병의 영이 암이라는 구조를 갖고 있거나 인간의 몸 안에서 암이라는 구조를 만들어낼 수 있다고 상정할 수 있다. 질병의 영이 인간의 몸에 들어와 인간의 몸의 일부를 암의 원소 결합구조로 바꾸어 버리면 인간은 암에 걸린다고 판단할 수 있다. 반대로 자기가 앓고 있던 암에 대해 신에게 주문 형식으로 간절하게 반복해서 병이 낫기를 기도하였을 때 암이 낫는 경우 그것은 암이라는 질병의 영을 대적한 행위다. 이것은 내 영의 힘이나 내가 믿는 신의 힘으로 암이라는 질병의 영을 쫓아내는 것이다. 그런 경우 순식간에 암 덩어리가 그 자리에서 사라지는 경우가 있는데 암의 원소결합 구조를 가지고 와서 인간의 몸에 암을 일으킨 영이 쫓겨나므로, 인간의 몸에 암 덩어리의 구조가 와해되므로

암 덩어리가 순식간에 사라지고 정상구조가 된 것이다

〈사례 6〉 힘이 매우 강한 영들은 인간 안에서 다양한 형태로 역사할 수 있다. 어떤 때는 감정과 신경계를 조작하여 우울하게 한다. 어떤 때는 몸에 염증으로 나타나거나 어떤 때는 암의 형태로 나타나기도 한다. 영이 인간 몸에서 일으키는 대표적 현상이 바로 염증이다. 또한 인간이 인식하지 못하는 전기로 역사하여 정신의 이상을 야기하기도 한다. 또한 영적 존재가 영적 공간에서 인간의 영에게 타격을 가하면 인간의 물질적 삶에는 영적 존재가 행했던 타격과 강도만큼의 문제가 생긴다. 또한 질병의 영들은 어떤 때는 그 사람에게서 떠나 그 사람의 가족에게로 들어가 같은 병을 일으키기도 한다. 그래서 아픈 아들을 돌보던 어머니가 아들과 같은 병에 걸리고 아들은 낫는 것이 바로 이런 경우를 말한다. 이것은 영들이 영적 에너지를 통해 인간의 생각과 몸을 조종하는 행위다. 좀 더 구체적인 것으로 설명하면 영들이 인간을 구성하는 물질구조를 조작하기 때문에 나타나는 현상이라고도 볼 수 있다. 그러나 인간은 현상만 보기 때문에 배후에 역사하는 영들의 존재를 알지 못하는 것이다. (염증, 전기, 담 이러한 것은 영들이 육체와 엉켜서 일어나는 육체의 현상이다. 이를 정확히 모르기 때문에 원인을 모를 때

대부분 스트레스 때문이라고 하는 것이다.)

반대로 영들이 인간 안에 들어오거나 인간의 영과 삶을 조작하면 인간이 갑자기 부요하고 형통하게 되거나 건강하게 되는 것도 같은 이치다.

〈사례 7〉 없는데서 물질이 만들어지거나 있는 것이 변형되는 것은 어떻게 설명될 것인가? 에너지가 결합하면 물질이고, 물질이 흩어지면 에너지가 된다. 따라서 에너지가 결합된 것이 물질이라면, 영의 영적 에너지가 스스로 결합하거나 때론 물질적 에너지와 결합하면 없는 데서 물질을 만들어 내거나, 있는 물질의 화학구조를 변형 시켜 다른 것으로 바꾸거나 다른 구조로 바뀐 것을 정상화시키는 기적을 설명할 수 있다.

〈사례 8〉 인도의 유명한 초능력자 S는 아무것도 없는데 그가 어떤 행위를 하면, 돈이 생기고 과자가 생겼다고 한다. 아무것도 없는 곳에서 물질이 만들어진 것이다. 이러한 초자연적 역사를 사람들은 초능력자가 행하는 기이한 일로 생각하지만, 이것을 영적으로 분석해 보면 S 안에 역사하는 매우 강한 영이 영적 에너지를 발산하여, 스스로 혹은 다른 영과 결합하여 물질적 에너지의 원소 가운데 돈 혹은 과자들의 원소를 결합하여 실제로 돈 혹은 과자 등의 물질을 만들어낸 것이 아닌가 하는 생각을 해 보게 된다.[5]

<사례 9> 중국의 유명한 기공사는 산불이 심하게 나자 자신의 기공 능력으로, 기후를 조작하여 비를 내리게 하여 산불을 껐다는 일화가 있다. 이렇게 초능력처럼 보이는 일도 사실은 기공사 안에 역사하는 강한 영의 에너지가 하늘의 비 에너지를 결합시켜 비를 내리게 함으로 산불을 껐다고 봐야 한다. 그러나 사람들은 기공사의 초능력으로 비가 내려서 산불이 꺼진 놀라운 사건으로만 알게 된다. [6]

<사례 10> 어떤 사람이 일하다가 낙상을 하여 뼈가 으스러졌다. 병을 잘 고친다는 사람이 뼈를 향하여 치유될 것을 명령하자, 뼈가 온전하게 되었다고 한다. 이것이 역시 강한 영적 힘을 가진 사람의 영적 에너지가 사람의 부서진 뼈의 원소를 다시 재결합시켜 정상화했을 개연성을 생각해 볼 수 있다.

---

5) 박희준 『19인의 초능력자 이야기』
6) 박희준 『19인의 초능력자 이야기』

〈사례 11〉 종교 집회에서 사람의 팔, 다리가 길어지는 사건도 강한 영이 임하여 인간의 팔, 다리의 원소구조를 바꾸어주므로 팔, 다리가 길어지는 일이 벌어진 기적도 설명할 수 있다. 만약 이 분석이 맞을 확률이 높다면 불치병이나 장애인이 기적적으로 치료된 치유의 역사의 영적 원리도 해석이 가능해지는 것이다. 그러나 이것이 가능한 정도라면 영의 힘이 너무 큰 존재여야 한다. 그래서 이런 기적은 거의 일어나지 않는 것이다.

〈사례 12〉 물을 향해 인간이 정신력을 방사하였거나, 물을 놓고 주문을 외웠을 때, 물이 육각수로 변하는 원리 등은 인간의 영적 에너지가 물의 원소구조에 영향을 끼쳐 물 원소구조를 바꾼 것이라고 해석이 가능하다.

〈사례 13〉 같은 꽃이 담긴 두 개의 화분을 놓고, 화분 하나에는 좋은 말을, 화분 하나에는 악한 말을 한 경우, 좋은 말을 한 화분의 꽃은 예쁘게 자라고, 악한 말을 한 화분의 꽃은 시들었다는 이야기는 인간의 말에 담긴 영적 에너지가 화분에 담긴 꽃의 원소구조에 영향을 준 것으로 설명할 수 있다.

〈사례 14〉 어떤 사람이 중앙선을 침범하여 마주 오던 차와 정면충돌하는 사고가 났다. 그 순간, 신적 존재가 자신 앞에 나타났고, 다른 사람은 다 중상을 입었는데 그 사람만은 털끝 하나 다치지 않았다는 기적을 들어본 적이 있다. 이 역시 정면충돌 시 신적 존재의 영적 에너지가 사람의 육체 구조를 영적으로 바꾸었거나, 신적 존재의 영적 에너지가 그 사람을 감싸고 차량의 정면충돌 시에 일어나는 관성의 법칙에 적용되지 않는 초월적 행위를 하였기 때문에 사람이 하나도 다치지 않았다고 해석할 수 있다. 사람들은 이런 경우를 기적이 일어났다고 하는 것이다.

　　〈사례 15〉 특정 지역에서 교통사고가 유독 잦고, 사람들은 그곳에서 안 좋은 영적 존재를 보았다고 하는 경우, 영적 존재의 힘과 에너지가 그곳에서 많은 물질적 장애를 일으키므로 사고가 빈번하게 나는 것이다.

　　〈사례 16〉 초능력자 가운데 어떤 사람은 공중 부양을 한다고 한다. 지구는 중력으로 인해 누구도 스스로 공중에 떠 있을 수 없다. 그런데 특정 수양을 한 사람은 공중 부양을 할 수 있다고 한다. 이러한 사건 역시 공중 부양을 한 사람에게 역사하는 영이 그 사람의 육체의 구조를 순간적으로 공기처럼 바꾸어 영의 에너지로 들어 올리면 인간이 순간 공중부양이 가능할 수도 있다고 판단해 볼 수 있다. 나아가 공기와 같은 영적 에너지를 가진 영이 초능력자로 불리는 사람의 육체의 구조를 마치 공기처럼 구조를 일시적으로 바꾸거나 아니면 영이 그 사람의 육체를 감싸 일시적으로 사람의 몸을 물리학을 초월하는 영체화 시켜서 공중부양을 시킬 수 있다고 볼 수 있다는 것이다.

이와 같은 관점에서 순간 이동을 하는 것도, 초능력자가 벽을 투과하는 것도, 잠겨진 유리병에서 무언가를 꺼내는 것 같은 초능력의 모든 것도 설명이 가능하다. [7]

이는 특정 영의 영적 에너지가 만물과 인간의 물질적 구조를 일시적으로 바꾸어 가능케 하던가, 아니면 영의 영적 에너지가 사람의 몸을 순간적으로 영과 같은 영체로 구조를 바꾸어 물리학의 원리를 초월해서 행하는 일이라고 판단해 보았다. 벽을 뚫고 지나간다는 기적은 영이 사람의 원소구조를 기체의 원소구조로 순간적

---

7) 박희준 『19인의 초능력자 이야기』

으로 바꾸어서 시공간을 초월할 수 있게 만들면 벽을 뚫고 지나갈 수 있을 것이다. 사람의 몸을 순간적으로 영체로 만들어 벽을 뚫고 지나갈 수 있거나 아니면 물질적인 공간의 한계를 뛰어넘는 영적 존재가 인간이 알 수 없는 행위를 하여 물질적 인간이 물질적 공간의 한계를 넘을 수 있도록 한다고 판단해 보았다. 대부분 초능력 행위의 상당 부분은 사기꾼들의 행각이지만 정말 초능력을 행사하였다면 이렇게 생각해 볼 수 있다는 것이다.

〈사례 17〉 동맥류가 있었던 사람이 교회에서 중보기도를 할 때 동맥류가 사라진 것 역시 교회의 중보기도 힘이 병을 가져온 영을 대적하여 쫓아내는 것이다. 그 영이 쫓겨 나가면서 영이 만든 동맥류라는 왜곡된 구조가 정상이 되니까 이것이 가능한 것이다. 거의 많은 질병의 치유는 이런 맥락에서 설명이 가능하다.

〈사례 18〉 방광염도 과민성이던 만성 방광염이던 귀신이 붙잡고, 온갖 쪼이는 듯한 영적 에너지를 주니까 방광이 물질적으로 온갖 고통을 당하는 것이다. 그 영이 떠나면 방광에 가해졌던 물질적 압박이 사라지니까 방광의 고통이 사라지는 것이며, 이것은 질병의 형태였지만, 귀신이 가져온 물질적 힘의 압박이나 혹은 방광원소구조의 변화를 가져와 고통을 준 것이다. 그러나 귀신이 떠나면 순식간에 혹은 점진적으로 원소구조가 정상이 되니까 병에서 놓임을 받는 것이다. 많은 사례를 이와 같은 맥락에서 해석하면 설명이 될 수 있는 개연성이 높다.

<사례 19> 1%의 유명한 명상가들이 명상하면 명상으로 인해 지역이 달라진다고 한다. 그러나 명상으로 인해 지역이 달라지는 실상은 명상가의 강한 영적 에너지가 발산되어서 그 지역을 장악하고 있는 공중의 영들을 조작하여 통제한 것이다. 이것이 물질화하여 나타나 해당 지역의 문제가 해결되고, 지역의 모습이 달라지는 것이다. 명상을 통한 영적 조작으로 인해 지역을 장악하며 지역에 문제를 야기했던 영들을 영적으로 제압하였기 때문에 영들이 일으켰던 물질적 문제들이 해결되는 것이지만 마치 명상가의 품격 높은 명상으로 인해 지역이 달라진 것처럼 알게 되는 것이다.

<사례 20> 누군가를 저주하였더니 저주받은 사람에게 큰 문제가 생기는 경우도 바로 인간 안에서 저주라는 염원을 내는 영이, 에너지를 발산하며 저주하고 싶은 사람의 영을 조작한 경우 그 사람의 물질적 삶이 저주한 대로 만들어지는 것도 이런 류의 하나일

것이다. 그러나 반대로 저주받는 자의 영이, 저주자의 저주의 영보다 강하면 그 저주는 역설적으로 저주자에게 되돌아가서 저주자의 물질적 삶에 큰 문제를 초래하는 경우도 이로써 설명할 수 있다.

〈사례 21〉 누군가의 병을 고치기 위해 간절히 기도하게 되면 치유에 대한 염원의 영이 병든 자의 병을 가지고 온 영을 대적하여 질병의 영을 물리치고, 질병의 영이 가지고 온 물질적 실체인 질병의 구조가 정상 구조로 바뀌어 질병이 치유되는 경우도 설명할 수 있다.

〈사례 22〉 기도자가 집회에 참석한 사람들의 머리를 톡톡 치며 안수를 하자 사람들이 장풍에 날리듯 뒤로 몇 미터 날아가는 경우나 오래된 질병이 완전히 낫고 질병의 염증과 고름이 흘러나오는 경우가 있다. 이 경우 역시 기도자 안에 강한 영이 기도 받는 자들 안에 영을 터치하여 그 영들에게 압력을 가하므로 어떤 이는 몇 미터 날아가는 일을 겪고 질병에 걸린 경우 질병의 영이 나가면 질병의 영의 행위로 인해 육체에 뭉친 염증이나 고름, 가래 등이 빠져나오면서 질병이 치유되는 것이다.

〈사례 23〉 만병의 근원이 된다고 하는 담은 영이 인체 안에 침입하여 인체의 피와 물과 노폐물 안에서 존재하면서 마치 담의 형태로 뭉치고 가래나 고름이나 염증의 형태로 뭉쳐서 사람의 몸을 사로잡는 것이다. 담은 영이 육체 안에서 무겁고 습하게 뭉친 영의 모습이다. 담이 깃든 곳에 담의 속성대로 감정이 생기고 그 감정은 주로 우울하고 비애하며 슬프고 고통스럽다가 감정이 사라지면 통증으로 나타나거나 막힘으로 나타나기도 하고 또 고통이 사라지면 감정으로 나타난다. 그러다가 담이 사라지면 몸이 정상이 되고 감정이 정상이 되고 밝아지고 기쁘게 된다. 이것은 담의 정체가 영이 뭉친 것이기 때문이다.

위에 언급된 사례들은 영들이 영적 에너지로 다른 존재들의 원소의 결합 구조를 바꾸는 영적 조작행위를 통해 물질계에 나타난 변화에 수많은 사례다. 영들의 영적 조작행위로 인해 물질계는 영들의 조작행위대로 변화되어 실존한다는 것이 우주와 자연만물의 실존이고 인간의 운명이라고 정의할 수 있다. 그것은 지극히 일상적인 삶과 지극히 비범한 삶 모두에게서 계속해서 나타난다.

따라서 끌어당김의 마법과 사차원 영성에서 말하는 인간이 원하는 것을 얻기 위해 자신의 소원이 이루어졌다고 믿고, 이룬 것을 집중적으로 생각하고, 이룬 것의 그림을 생생하게 그리는 구상화를 하고, 이미 이루어졌다고 말로 행하는 행위는 인간편에서 영과 영계를 조작하는 주술행위에 불과한 것이다. 인간이 영계를 조종하는 이러한 주술행위가 이교에서는 끌어당김의 마법으로, 기독교에서는 사차원 영성으로 나타난 것이다. 그러나 이들의 영적 실상은 특정 영의 목적이 염원이 되어 생각으로, 구상화로, 말의 에너지로 영의 목적을 발산하여 특정 영이 인간 안에 다른 영을 조작하거나 다른 존재의 영을 조작하여, 특정 영의 목적을 이루기 위한 영적 조작행위다. 그리고 영적 조작을 잘하는 힘을 가진 영은 인간의 물질적 삶에 반드시 변화를 가져온다. 따라서 끌어당김의 마법과 사차원 영성은 영들이 생존을 위해 영적 에너지와 물질적 에너지를 조작하여 영들의 욕망을 이루기 위한 수단이 인간 역사에 영성과 이념과 조직으로 시대마다 이름을 바꾸어 나타난 것일 뿐이다.

영적 조작행위의 근본은 영의 욕망을 이루는 탐욕이며, 영계의 질서를 흔드는 행위다. 나아가 영의 목적을 인간의 목적화하도록 만들어, 인간 자신과 다른 피조물을 조작하는 영의 도구가 되게 만들고 마지막에는 하나님의 피조세계의 근본과 원칙을 파괴한다.

끌어당김의 마법과 사차원 영성의 영적 본질은 인간에게 다른 인간과 만물의 영을 조작하여, 자신이 얻고 싶은 것을 얻어내는 인간 욕망을 실현하는 수단을 가르친다. 그러나 이들의 가르침은 인간으로 하여금 하나님마저 이용하는 욕망의 노예로 만들고, 영적으로 파멸시키는 것이다.

그러나 아무리 영들을 조작하여 바꾸고, 변화시키고, 물질화시키려 해도 안 될 정도로 크고 강한 영들이 존재한다. 너무 강하고 큰 영들은 인간 안에 있는 영의 조작이나 영들의 결합으로 인해 조종당하지 않는다. 오히려 조종하는 영들을 제압하여 악한 영들의 영적 조작행위를 무너뜨린다. 하나님의 성령은 가장 강하시다. 세상에 존재하는 그 어떤 영도 성령을 조작할 수 없다. 성령은 어떤 영도 제압하시는 전능자이시다. 그러므로 하나님의 영으로 인간의 영이 거듭나고, 물질적 삶이 달라지는 것이 인간에게 가장 좋은 것이다. 성령으로 인해 인간의 영이 거듭나는 것이 가장 좋은 운명을 갖게 되는 것이다. 그래서 기독교의 하나님을 믿는 것이 인간 운명의 최고의 선택인 것이다.

운명을 바꾸려면 성령으로 거듭나야 한다. 성령으로 거듭난다는 것은 전에 살아왔던 삶과 그 삶을 초래한 영을 버리고, 성령으로 새롭게 영이 바뀌는 삶을 살아야 한다는 것을 말한다. 그러나 영적 존재 역시 생존을 목적으로 하는 존재이므로 자신이 살던 인간에게서 떠나려 하지 않기 때문에 영이 성령으로 거듭나는 삶을 살기 위해서는 예수님의 피로 구원과 속죄를 얻고, 끊임없는 성화로 가는 영적전쟁을 해야 한다. 기독교 성도는 성령으로 거듭나는 성화의 영적 전쟁인 십자가를 지는 삶을 살아가야 하는 존재다. 그래서 참된 기독교신자는 누구도 예외 없이 십자가를 지고 예수님을 따르게 된다. 또한 참된 기독교신자는 어떤 경우에도 인간이 영을 조종하고 달래고 협박하여 영계를 조종하여 인간의 유익을 구하는 가증스러운 주술행위를 하지 않으므로 하나님 앞에 자신이 온전함을 보여드린다. 참된 기독교 신자는 예수님을 믿고, 죄사함을 받고, 십자가를 지는 자기 부인과 성화의 삶을 통해 성령으로 거듭난다. 이러한 삶을 사는 기독교신자는 성령으로 거듭나 영이 바뀌고 운명이 바뀐 인간으로 가장 복된 삶을 사는 자가 된다. 이것이 기독교의 생명의 힘이다.

16
하나님이 가증스러워 하는 자들과 타락한 교회 비교

기독교가 본연의 위치에 잘 있는지 아니면 타락해 있는지를 알 수 있는 기준은 기독교가 현재 얼마나 종교적인가 하는 것을 분별하면 알 수 있다고 한다. 세분해서 정리하면 광의의 의미로 기독교라 하였지만, 기독교의 구성원인 각 교회의 신앙의 지향점이 얼마나 종교적이냐에 따라 그 교회가 타락의 길에 서 있는지, 기독교 근본에 충실하려고 애쓰는지 분별할 수 있다는 것이다. [8]

기독교가 종교라면 종교적인 것은 당연한 것인데 종교적일수록 타락했다고 하는 것이 무슨 뜻일까?

---

8) 윤석준 『한국교회가 잘못 알고 있는 101가지 성경 이야기 1, 2』

그 이유는 종교라는 것이 인간의 욕망이 만들어낸 산물이거나 하나님을 대적하는 사단이 인간을 이용하여 하나님보다 높임을 받기 위해 만들어낸 산물이기 때문이다. 그러므로 교회 안에서 종교 지향성이 강할수록 타락이 깊다고 역설적으로 생각할 수 있다.

대부분의 종교는 인간이 자신에게 복을 주고, 재앙을 면하게 해 줄 것 같은 대상이라면, 어떤 것이든지 신격화하여 숭배하고, 절하며 예물을 바치고 기복을 빌면서 시작되었다. 그러므로 종교란 사단이 인간을 미혹하여 인간에게 경배를 받는 구조이며 욕망에 사로잡힌 인간이 하나님 뜻대로 살기보다는 사단과 귀신들의 가르침에 따르며, 능력과 이적, 기사를 쫓거나 마법적 힘을 이용하여 인간의 목적을 이루기 위한 영적 장치다.

대부분의 종교는 종교를 믿는 사람들이 신의 뜻대로 순종하면 신자들의 원하는 것을 이루어주고, 영적 요구도 만족시켜 주고, 세속적 번영도 해결해 준다고 약속한다. 심지어는 죽어서 내세까지도 보장해 주고 있다. 그러나 특정 인간들은 종교를 믿으며 신에게 순복하는 행위를 거절하며 자기 안에 있는 영력으로 영들을 조종하여 인간의 복을 구하고 재앙을 면하려는 마법주술의 기술을 알아내어 사용하기도 한다.

즉 하나님이 원하시는 뜻을 거절하고, 하나님의 피조물들을 신격화하여 숭배의 대상으로 섬기며 복을 구하거나 재앙을 면하려는 모든 영적행위가 종교이며 더 나아가 인간 자신의 영력으로 신들을 조종하여 복을 끌어오고 재앙을 면하고자 하는 인간의 행위가 바로 종교성이라는 것이다.

그러므로 하나님이 세우신 교회에서 성도가 궁극적으로 복을 구하고 재앙을 면하려는 영적행위만을 구한다면 그것은 이방 종교들이 행하는 종교지향적 태도일 뿐 아니라 이러한 태도가 강화된 교회일수록 타락한 교회일 수 있다는 것이다. 더욱이 예수님의 복음을 전하고 가르치는 교회에서 복을 받고, 재앙을 면하기 위해 특정한 행위를 공식화하여 가르치고, 그 공식대로 하면 하나님의 응답하신다고 가르치고 있다면 스스로 타락한 교회임을 알리는 것이다.

현대 신학자들은 오늘날의 교회 모습을 신학의 실종이라고 하였다. 그것은 교회의 하나님에 대한 이해가 성경적 하나님에 대한 바른 이해가 아니라 고대 이교적인 관점으로 하나님을 접근하고 해석하고 있기 때문이라고 한다. 오늘날 일부 교회는 표면적으로는 예수님의 복음을 전하고 가르치면서도, 이면에는 복을 얻기 위해 이방종교에서 행하는 제액초복의 수단을 가르치거나 이교도들이 신을 수단화하여 인간의 목적을 이루려고 행했던 주술적 행위들을 가르치고 있고 실천하고 있다. 이러한 교회는 겉은 교회이지만 영적 실상은 이교나 이방 종교 혹은 민간신앙의 습속을 행하는 것과 다를 바 없는 타락한 교회라 하지 않을 수 없다.

더 큰 문제는 성공과 번영을 위한 세상의 원리들이 기독교처럼 가르쳐지고 있는 것이다. 많은 목회자가 입으로는 성경 말씀밖에 없다고 하면서 오히려 성경 말씀을 성공과 번영의 세상원리를 합리화시키는 논리의 도구로 사용하고 있는 실정이다. 이러한 교회들은 표면적으로는 예수 그리스도의 교회라고 하지만 실상은 악한 영에 사로잡혀 수많은 성도를 타락의 길로 이끄는 거짓되고 부패한 종교집단이라고 할 수 있다.

신명기 18장에는 하나님이 싫어하시는 가증스러운 자들과 행위가 열거되어 있다.

(신 18:9)　네 하나님 여호와께서 네게 주시는 땅에 들어가거든 너는 그 민족들의 가증한 행위를 본받지 말 것이니

(신 18:10)　그의 아들이나 딸을 불 가운데로 지나게 하는 자나 점쟁이나 길흉을 말하는 자나 요술하는 자나 무당이나

(신 18:11)　진언자나 신접자나 박수나 초혼자를 너희 가운데에 용납하지 말라

(신 18:12)　이런 일을 행하는 모든 자를 여호와께서 가증히 여기시나니 이런 가증한 일로 말미암아 네 하나님 여호와께서 그들을 네 앞에서 쫓아내시느니라

(신 18:13)　너는 네 하나님 여호와 앞에서 완전하라

(신 18:14)　네가 쫓아낼 이 민족들은 길흉을 말하는 자나 점쟁이의 말을 듣거니와 네게는 네 하나님 여호와께서 이런 일을 용납하지 아니하시느니라

하나님께서는 이스라엘이 가나안 땅에 들어가거든 그 땅 거민의 가증스러운 행위를 본받지 말고 가증한 행위를 하는 자들을 쫓아내라고 하셨다 그러면서 가증한 행위를 하는 자들을 열거하고 있다.

① 그의 아들이나 딸을 불 가운데로 지나게 하는 자

② 점쟁이 혹은 길흉을 말하는 자, 요술하는 자, 무당

③ 진언자, 신접자, 박수나 초혼자들

하나님께서는 이들을 용납하지 말고 너희들 가운데서 쫓아내고, 하나님 앞에 완전하라고 말씀하고 있다.

하나님이 쫓아내라고 하는 이 가증스러운 자들은 어떤 자들일까?

이들은 악령의 도구가 된 자들이다. 악령의 도구가 되어 하나님의 신성한 세계를 모독하고, 조작하며, 사람들을 미혹하여 하나님을 믿지 못하게 한다. 사람들에게 복을 얻게 해주고, 재앙을 막아준다고 하면서, 악령의 역사를 믿게 하고, 악령의 영적 종이 되게 한다. 때로는 인간의 영력으로 특별한 비방을 하고 영들과 영계를 조종하여 인간의 욕망을 채워준다고 하는 자들이다.

(1) 그의 아들이나 딸을 불 가운데로 지나게 하는 자는 누구일까!

자신의 욕망을 위해, 또는 안위에 큰 문제가 생겼을 경우, 신에게

자식까지 바쳐서라도 복을 받고 재앙을 면하려는 자들이다. 자식을 신 앞에 불살라 제물로 바치면 신의 진노를 막고 재앙을 면하며 큰 복을 받을 수 있다고 가르치는 자들은 과연 영적 지도자인가! 악령의 도구인가! 그리고 이러한 자들의 가르침대로 자식을 신에게 불살라 바치는 자들은 어떤 자들인가! 종교성이 강한 자들이 행한 종교적 행위란 이런 비극적 행위마저 종교의 이름으로 정당화시킨다.

(2) 점쟁이, 길흉을 말하는 자, 요술하는 자, 무당은 어떤 자들인가?

이들은 하나님의 주권에 해당하는 미래의 영역에 침입하여, 사람의 미래를 알아내어 길한 것을 끌어오고 흉한 것을 막아준다고 하는 자들이다. 이들은 악령과 접신 되어 악령의 힘으로 온갖 방술과 비법을 사용하여, 영계를 조작하고, 영들을 달래거나, 협박하여, 의뢰한 손님이 원하는 것을 영들에게서 얻어내는 자들이다. 이런 자들은 사람들로 하여금 하나님에 대한 신앙을 갖지 못하게 하고, 영계의 영들을 협박하고, 달래서라도 오직 복을 받고, 화를 면하기만 하면 된다고 부추기는 자들이다. 이들에게 미혹되어 자신의 욕망만을 좇는 인간들은 하나님의 뜻대로 살려고 하지 않으며, 오직 자신의 욕망을 만족시키기 위해 하나님마저도 이용하려고 한다.

(3) 진언자, 신접자, 박수나 초혼자는 누구일까?

이들은 주문을 외우거나 주술행위를 반복하여 영들로부터 인간이 원하는 것을 끌어내려는 자들이다. 죽은 자들의 영과 접신하여 죽은 자들로부터 복을 끌어내고 재앙을 면하려는 초월적 힘을 얻어내려고 하는 자들이다.

신명기 18장의 가증스러운 자들의 행태와 영적행위들의 목적은 하나님이나 영들로 하여금 말하게 하는 짓이고, 행동하게 하는 짓이며, 인간에게 복을 주고 화를 면케 해달라고 하나님이나 다른 영들을 강박하는 행위라는 것이다. 이들을 총칭하여 인간의 영력으로 신이나 영들을 위협하여 말을 듣게 하는 주술사 혹은 마법사라고 한다.

세상에 가득한 마법은 영적인 특정한 공식을 과학적으로 적용하면, 마치 수학적으로 영들을 불러서 통제하여, 인간이 원하는 것을 얻을 수 있다고 하는 기술이다. 마법사들은 인간의 말이나 행동, 영력으로 원소를 조작하여 인간이 원하는 것을 끌어다 줄 수 있다고 가르치는 자들이다. 그러므로 마법에서는 정해진 비밀 공식대로만 하면 영적인 모든 것에 작용하고, 작동한다고 한다. 그러므로 이러한 공식의 법칙을 아는 자들은 인간과 신을 조정한다고 한다. 신과 사람을 중재하고 조종하는 마법사의 행위를 마법사의 중재라고 부른다.

그런데 이러한 마법사의 중재와 유사한 것이 교회 안에서 믿음 말씀운동, 말의 힘, 긍정의 힘, 적극적이고 긍정적인 사고, 내 말이 나의 미래를 선취한다는 예언적 영성, 사차원 영성의 이름으로 가르쳐 지고 있다. 심지어는 인간은 하나님의 영과 형상으로 지어진 존재이니 성도가 곧 하나님이라고 하는 자들까지 등장하는 지경이다. 이들의 가르침은 정통 기독교 목회자의 가르침이 아니다. 이들의 가르침은 마법주술사의 마법주술기법과 사상일 뿐이다.

오늘날 기독교의 문제는 일부 교회에서 신명기 18장에 열거된 하나님께서 가증스럽게 여기시는 행태들이 나타난다는 것이다. 하나님께서 내어 쫓으라고 했던 가증스러운 자들의 행태가 복음으로 변개되어 하나님께 복과 능력을 받기 위한 수단으로 가르치고 있다면 그러한 교회를 어떻게 교회라 할 수 있으며 목사를 어떻게 목사라 부를 수 있겠는가!

하나님께 드리는 예배도, 생명을 살리기 위한 전도도, 하나님의 자녀답게 살아야 하는 성화된 삶도, 하나님께 드리는 영적 생활과 행위도, 헌금도, 하나님을 향해 탄원하는 성도의 기도도, 오로지 성도가 복을 받고 재앙을 막기 위해 죽기 살기로 하는 거라면 그러한 신앙이 그의 아들이나 딸을 불 가운데로 지나게 하는 자들과 무엇이 다르겠는가?

하나님께서는 내가 바라는 대로, 믿는 대로, 꿈꾸는 대로 해주실 것이다! 그러므로 믿음으로 내가 원하는 것이 이루어졌다고 반복해서 이룰 때까지 선포하면 하나님이 그 기도에 응답해 주신다는 가르침이 진언자와 다른 것이 무엇인가!

하나님이 나를 위해 무슨 뜻을 가지고 계시는가 알고 싶어, 예언해주거나 받거나 하는 행위가 점쟁이, 길흉을 말하는 자와 무당과 무엇이 다르며, 내가 바라는 것들을 믿음을 가지고 이룰 것을 생각하고, 꿈꾸고, 바라고, 선포하면 하나님이 응답해 주신다고 가르치는 것이 요술하는 자와 무엇이 다른가!

신령한 목사님을 통해 하나님께 문제 해결 받으려 하고 더 나아가 성도가 능력 받고 복을 받으려고 소위 기름부음이란 이름으로 성령을 초청하는 행위가 박수와 신접자, 초혼자와 무엇이 다른가!

하나님이 가증스럽게 여기는 자들의 특징은 인간이 주체가 되어 하나님이나 영을 인간의 욕망의 도구로 전락시키는 것이다. 그러나 하나님은 인간의 어떤 영적 사술이나 비술에 결코 조종당하거나 강박 당하지 않으신다. 그러나 가증스러운 자들의 행태는 이방 종교로, 각 나라의 민간신앙의 형태로, 각 지방의 무속신앙으로 나타나서, 사람들을 미혹하고 하나님을 믿지도 알지도 못하게 하며, 오직 인간의 목적을 위해 영계를 조작하는 행위만을 한다는 것이다. 그런데 이러한 행태가 교회에서도 나타나고 있는 것이다.

그러므로 신명기 18장의 가증스러운 자의 행위가 만연된 교회는 기독교 교회가 아니라 타락한 영매주술사들의 집단이라고밖에 볼 수 없는 것이다. 하나님은 이스라엘 민족에게 가나안땅에 들어가면 가증스러운 행위를 하는 자들을 본받지도 말고 쫓아내라고 하셨다. 그런데 오늘날 교회에서는 오히려 이 가증스러운 자들의 행위를 본받고 가르치는 목회자가 늘고 있는 것은 안타까운 일이다.

성경은 인간이 영계와 어떤 접촉을 하거나, 거래하는 것을 금지하고 있다. 비록 마법의 기술을 이용하여 어떤 영적 존재와의 접촉으로 인해 문제가 해결되고, 복을 받고 재앙이 해결된 것 같아도 이는 악령의 속임수일 뿐이다. 궁극적으로 인간을 하나님에게서 멀어지게 하고 악령에게 영과 육이 장악되어 파멸되는 길로 인도할 뿐이다.

하나님은 성도에게 하나님 앞에 온전하라고 말씀하신다. 하나님 앞에 온전한 삶이란 하나님을 이용하거나, 하나님이 분정하신 영계를 조종하고, 초월적인 힘을 끌어들여 인간의 욕망을 만족시키는 행위를 하지 않는 것이다. 길흉화복을 주관하시는 하나님의 주권을 인간이 함부로 침해하려는 모든 가증스러운 시도를 버리는 것이다. 그러므로 인간이 가장 온전한 삶을 사는 것은 자신의 영혼과 삶 가운데서 이런 가증스러운 행위들을 쫓아내고 또 가증스러운 것을 가르치는 자들을 쫓아내고 영혼의 주인인 하나님을 경외하며 예수님의 희생제사의 피로 대속된 정결한 삶을 사는 것이다. 또한 예수의 십자가의 대속의 피로 죄사함을 받고 구원을 받은 인생은 육체의 정욕을 따라 사는 삶에서 벗어나 하나님의 목적에 합당한 삶을 사는 것이다. 이렇게 살아가는 모든 삶의 태도와 실천이 하나님의 부르심의 합당한 삶을 사는 것이며 하나님 앞에 온전한 삶을 사는 것이다.

더 이상 거짓되고 허탄한 미혹의 영에 속지 말고, 종교의 탈을 쓰고 인간을 속이는 모든 거짓을 분별하고, 진리에 바로 서서 하나님의 부르심에 합당한 삶을 살아야 한다. 이것이 인간에게 가장 가치 있고 온전한 삶이며 참된 기독교인의 신앙이다.

마법은 인간으로 하여금 자신이 운명의 주인이 될 수 있다며 미혹한다. 인간의 염원, 생각, 구상화, 말이라는 수단을 사용하여 영계를 조작하고 영들을 조종하고 끌어들이고 영적 조작을 행하여 물질적 삶을 바꾸므로 인간이 원하는 대로 살 수 있다고 속이고 있다. 그러나 마법은 결코 하나님과 하나님의 섭리 그리고 구원의 힘을 이기지 못한다. 그것은 마법의 영들이 어떤 경우에도 하나님을 조종할 수 없고 이길 수 없기 때문이다.

따라서 인간이 운명의 주인이 되는 길을 택하기보다는 하나님의 뜻대로 살아내는 것이 확실히 더 축복된 길이다. 인간이 염원을 가지고 생각과 구상화, 말과 행동을 하면 어떤 결과를 반드시 가져온다는 것은 세상을 지배한 마법의 원리 중 하나인 유사 인과율의 법칙이다. 마법의 유사 인과율이 법칙이 완벽하게 적용되면 세상은 영의 욕망에 이용당하는 인간이 서로의 영을 조작하는 영의 조작과 세뇌, 최면, 그리고 서로를 장악하는 욕망 대 욕망의 투쟁의 장이 될 것이다. 나아가 서로에게 악을 행하는 아수라의 세계가 될 것이다. 그러나 이 세상과 인간이 보존되는 것은 인과율을 뛰어넘는 하나님의 은혜의 법칙 때문이다. 이 세상과 인간을 창조 본연의 모습으로 생명력 있게 보존하는 선한 힘, 그것이 생명의 성령의 법인 것이다. 성령으로 인해 생명과 은혜의 길을 살아가는 사람이 가장 복된 사람이다. 그 사람 앞에는 끌어당김의 마법도, 영을 초혼하는 행위도, 영계를 조종하고, 조작하는 인위적이고 작위적 행위가 있을 수 없다. 오직 성령이 이끄시는 섭리의 인도와 구원이 있을 뿐이다. 성령에 의해 이끌림을 받는 사람이 가장 복 있는 사람이다.

17

가시적 물질적 영계와 비가시적 물질적 영계
그리고 인간의 운명

세계와 만물, 인간은 에너지로 구성되었다고 한다. 이 말은 세계와 만물, 인간은 힘의 존재이며, 이 존재들이 사는 세상은 힘의 강약의 세상이며, 힘이 작용하는 세상이며, 힘의 작용을 통해 끌어당기기도 하고, 밀어내기도 하고, 만들기도 하고, 변형시키기도 하고, 파괴하기도 하는 세계라는 것이다. 세계와 만물, 인간이 에너지로 구성된 존재라면 하나님이 우주를 창조하시고, 자연과 인간을 창조하신 창조세계의 근본이 에너지라는 것이다. 그리고 이것을 인간의 지혜가 밝혀낸 것이 과학이다.

과학은 하나님의 창조세계가 에너지로 구성되어 있다고 밝혔는데 과학이 밝힌 에너지란 비인격적 에너지인 물질적 에너지를 말한다. 즉 지, 정, 의라는 인간적 감정이나 신적 의지 없이 힘으로 작용하는 메커니즘을 가지고, 우주와 만물을 운행하는 근원이라고 정의한다. 그러나 이 세상이 에너지로 구성된 세계라면 에너지의 세계에는 물질적 에너지만 있을까? 혹시 다른 형태의 에너지가 있지 않을까? 있다면 다른 에너지를 무엇이라고 부를 수 있을까?

어느 순간부터 이 세상은 에너지의 세계이며, 에너지의 세계가 우리가 경외감을 느끼고 마주하는 신비로운 세계인 영계가 아닐까 하는 생각을 해 보았다. 에너지의 세계는 분명히 존재하며, 생존하며, 힘을 가지고 목적을 위해 투쟁하는 살아 있는 비가시적 세계까지… 혹시 그곳이 비가시적 영계는 아닐까?

이러한 추론에 상당성이 있다면 이 세상에 존재하는 모든 것이 에너지라는 것은 틀림없지만 에너지가 단순히 물질적 에너지만 존재하는 것이 아니라 물질적 에너지와 함께 영들의 힘으로 작용하는 영적 에너지가 공존하는 세계는 아닐까 하는 생각을 해 보았다. 물론 과학자가 아니기 때문에 이러한 추론은 상당 부분 틀릴 것이다. 그러나 틀린다고 해서 모두 틀린 것은 아닐 것이다. 맞을 수 있는 개연성이 있어 그 개연성으로 인해 많은 영적 진보가 담보

된다면 말해보는 것은 마땅히 해야 할 책임일 것이다.

에너지의 세계를 에너지가 응집된 가시적 세계와 에너지로만 존재하는 비가시적인 세계로 나누면, 눈에 보이는 에너지의 세계를 가시적 세계라고 할 수 있고, 눈에 보이지 않는 에너지의 세계를 비가시적 세계라 분류할 수 있다. 더 나아가 에너지의 세계가 비인격적 물질적 에너지와 영적 에너지로 공존한다면 눈에 보이지 않는 비가시적 에너지의 세계는 비가시적 물질적 세계이면서 동시에 비가시적 영계라고 정의할 수 있다. 그렇다면 눈에 보이지 않는 비가시적 에너지의 세계를 비가시적 물질적 영계라고 부를 수 있지 않을까? 또한 비가시적 영적, 물질적 에너지가 응축되어 나타난 가시적 세계는 가시적 물질적 영계라고 부를 수 있지 않을까?

위에 명제가 합당하다면 하나님의 창조세계는 가시적 물질적 영계와 비가시적 물질적 영계로 구성된 세계라는 이해에 이르게 된다. 그리고 두 세계는 각각 존재하는 것이 아니라 존재의 생존을 위해 상호작용하며 공존하며 동시에 파괴하는 세계다. 그래서 우주와 만물, 인간의 구성이 영과 물질로 구성되어 있다고 하는 논리가 타당하다고 생각하게 된다.

과학은 물질적 에너지의 세계가 수학적이고, 기계적인 세계라는 것을 밝혀내었다. 그렇다면 영적 에너지의 세계인 영계도 과학적으로 운행되는 기계적이고, 수학적이고, 인과적인 세계일 가능성이 높다는 결론에 이르게 된다. 그러므로 많은 종교학자가 말했듯이 주술이나 마법을 유사과학이라고 한 것이다. 왜냐면 주술과 마법에는 일정한 인과율이 존재하기 때문이다. 즉 어떠한 행위를 하면 어떠한 결과를 도출할 수 있는 개연성이 과학보다는 못해도 비교적 높다는 의미에서 종교학자들은 주술마법을 유사과학 혹은 의사과학이라고 부른 것이다.

그러므로 과학자들이 에너지의 세계를 밝혀낸 것은 과학자가 알았던 몰랐던 물질적 에너지의 세계를 밝힘과 동시에 영계를 발견한 것이 되기도 하다. 인간의 지혜로 물질적 에너지와 영적 에너지의 세계의 원리를 밝혀낸 것을 과학이라고 한다면, 사람들이 아직 밝히지 못한 물질적, 영적 에너지의 원리를 초자연적 사건 혹은 기적이라고 부르는 것이다. 즉 과학이란 물질적 에너지와 영적 에너지를 인간의 힘으로 밝혀낸 것이고, 초자연적 사건이나 기적은 인간의 힘으로 밝혀내지 못한 물질적 에너지와 영적 존재의 에너지의 운행을 말한다고 할 수 있다.

다만 비인격적 물질적 에너지와 영적 에너지 가운데 비인격적 물질적 에너지는 수학의 원리로 작동하는 기계적이고, 물질적인 힘이라면, 영적 에너지는 물질적 힘과 같으면서도 초월하기도 하고 동시에 물질적 힘을 조작하여 창조하고, 변형시키고, 파괴할 수도 있는 힘으로 존재한다. 결론적으로 말하면 영적 에너지는 물질적 에너지를 지배하고 다스린다고 볼 수 있으며 물질적 에너지와 영적 에너지의 결합으로 나타난 물질계 역시 영적 에너지인 영적 존재가 지배하며 다스린다고 볼 수 있다.

영은 살아있는 유기체다. 생명력을 가지고 생존을 목적으로 하는 존재다. 영도 살기 위해 에너지라는 힘을 가지고, 다른 존재의 에너지를 조작하여 그 존재들의 에너지를 영의 생존 목적에 맞게 변동시킨다. 물질적 에너지와 영적 에너지의 힘의 강약과 상관관계에 따라 에너지의 변동이 일어나면, 만물과 인간의 물질적 삶이 만들어지고, 변화되고, 파괴되는 일이 일어난다는 것이다. 이것이 만물과 인간의 운명이다. 인생이란 영들의 힘으로 인간이 살아가는 것을 말한다. 그리고 인간의 운명은 영의 목적의 구현이다. 이것이 모든 존재의 실존이다.

세계의 근원은 에너지이며, 유기적 관계를 맺고 있으며, 상호작용을 하면서 존재한다. 에너지의 상호 작용으로 에너지 변동이 일어나면 무엇인가 창조되고, 변화되고, 소멸된다. 이것이 만물과 인간의 실존이며 운명인 것이다.

그러므로 마법이나 주술에서 말하는 인간의 정신력의 힘인 인간의 소원, 생각, 구상화, 말, 행위는 영적 존재가 가진 영적 에너지의 상호작용을 통해 에너지 변동을 일으켜 물질계를 변화시키는 영적 조작수단이며 행위다. 어떤 존재를 향한 영적 조작이 일어나면, 그 존재의 물질적 삶에 반드시 변화를 일어나기 때문에 인간의 운명 역시 영적 조작을 통해 이끌림을 받기도 하고, 바뀌는 것이다. 따라서 마법 주술 혹은 오컬트 구상화, 뉴에이지, 끌어당김의 법칙, 신사상 운동 등에서 공통으로 주장하는 "인간의 생각은 현실을 만든다는 것"의 영적 실체는 영적 조작행위를 통해 존재의 물질적 삶을 바꾸는 방법을 가르치고 실천하는 것일 뿐이다.

사차원 영성에서 주장하는 성도의 꿈과 믿음, 생각과 구상화, 말과 행동에 하나님이 응답하셔서 성도의 3차원의 삶이 변화된다는 것 역시 실상은 영적 에너지의 상호작용을 통해 에너지 변동을 일으키는 영적 조작행위를 통해 성도의 삶을 바꾸는 것일 뿐이다.

영적 조작행위가 완전하게 이루어지면, 자연과 인간의 물질적 삶은 영적 조작을 한 대로 변화가 나타난다. 끌어당김의 마법과 사차원 영성에서는 인간이 행하는 공식대로 우주에너지와 하나님이 인간이 원하는 것을 이루어준다고 가르치고 있다. 그러나 이들의 실체는 영적 존재가 조작행위를 통해 에너지 변동을 일으켜 인간과 물질적 삶에 변화를 일으킨 영적 조작행위일 뿐이다.

그러나 끌어당김의 마법이나 사차원 영성을 주장하는 자들은 자신들의 행위가 영적 에너지 조작으로 물질적 삶에 변화를 일으키는 행위라는 것을 꿈에도 생각하지 못하고 있다.

예를 들면 알코올중독에 걸린 사람이 있다. 그 사람은 술을 먹고 싶어서 먹는 것이 아니다. 미친 듯이 술을 먹지만, 마음속에서는 자기가 왜 술을 먹는지, 토하고 먹고 또 토하고 먹으면서, 가정을 파탄 내고, 가족 구성원에게 고통을 주는 자신을 한탄하며 술을 끊어야지 다짐을 하지만 결국 다시 술을 먹게 된다. 이 사람의 운명은 가엾게도 입에 술을 댄 이후로 죽을 때까지 술을 먹는 인생으로 살게 된다. 이 사람의 삶은 알코올중독의 영의 생존행위가 인간에게 알코올중독의 모습으로 드러난 것이다. 알코올중독의 영의 생존 목적은 자신이 장악한 사람이 술에 고주망태가 되어 그 사람의 인생과 가정의 삶을 무너뜨리는 것이다. 이러한 알코올중독의 영의 목적이 인간에게 구현된 것이 술 중독에 걸린 사람의 운명이며 삶인 것이다.

중독의 형태는 알코올중독에 걸린 그 사람에게만 적용되는 것이 아니라, 자식에게 유전되어 자식도 알코올중독에 빠지거나 아니면 무엇에든지 중독적 행위를 한다. 그 이유는 그 가정을 지배한 영이 중독의 영이며, 어떤 때는 알코올중독으로, 어떤 때는 애정 중독, 어떤 때는 도박 중독으로, 다양한 중독의 형태를 일으키기 때문이다.

이것은 중독의 영이 그 가정 구성원의 영혼을 장악하여 중독의 행위를 하게 하고 그 에너지를 먹고 존재하며 동시에 중독의 영의 목적을 인간 삶을 통해 이루는 것이다. 따라서 중독의 영이 지배하는 사람과 그 가정의 운명적 모습은 항상 술이든, 도박이든, 애정이든, 무엇엔가 강박적으로 몰입하고 행동하는 것이다. 이것이 그 가정의 운명이다. 이를 영적으로 뒤집으면 중독의 영의 목적과 행위가 인간의 삶과 운명을 이룬 것이다. 따라서 중독의 영의 목적과 목적을 이루기 위한 행위는 그 가정의 구성원과 가계의 운명이 되는 것이다.

영이 인간 삶을 좌우하는 것이 인간의 운명이다. 그러므로 인간이 운명을 바꾼다는 것은 영을 바꾸는 것을 뜻한다. 그러나 영들은 만물이나 인간 안에 깃들어 생존하는 존재이므로 한번 들어온 영들은 잘 안 나간다. 그래서 인간의 운명이 쉽게 달라지지 않는다. 그렇다면 운명은 영원한 인간의 굴레인가? 아니다! 인간은 영을 바꾸어 운명을 바꿀 수 있다. 지금까지 인생을 주도했던 영을 바꾸어 운명을 변화시키려고 투쟁하는 인간의 삶이 바로 영적 전쟁이다. 영적 전쟁에 승리한 사람은 자신의 운명을 바꿀 수 있다.

우주와 자연만물과 인간은 에너지로 구성되어 있다. 에너지는 비인격적 물질적 에너지와 영의 생존 목적으로 운행되는 영적 에너지로 존재한다. 영적 존재의 힘인 영적 에너지가 초월적 지위에서 다른 영적 에너지나 물질적 에너지를 조작하면, 에너지 변동으로 인해 자연과 인간의 삶에 창조와 변화, 파멸이라는 물리적 변화를 가져온다. 세계와 만물, 인간의 실존은 알 수 없는 수많은 영들의 행위로 인해 이끌려가고 있다. 인간에게 역사하는 영의 행위는 인간의 운명을 이루게 된다.

인간의 운명은 영의 생존을 위한 목적적 행위의 물질적 결과다. 죄란 악한 영의 목적에 이용되는 인간의 모든 생각과 행위다.

하나님은 비인격적 물질적 에너지와 영적 에너지를 창조하셨고, 그 에너지의 세계와 함께하시면서도 초월적인 분이시다. 하나님은 창조 세계의 원리를 만드시고, 질서를 제정하시고, 운행하시는 분이며, 동시에 하나님이 만드신 원리와 질서를 초월하시며 존재하시는 분이시다. 이 말은 하나님은 창조주이시며, 절대자이시며, 초월적 존재이며, 동시에 만물과 인간을 다스리는 생명의 주인이시라는 것이다. 모든 영과 우주와 만물과 인간 생명의 근원이 되시는 하나님은 선하신 분이시다. 당신의 피조세계와 인간을 사랑하시는 인격적 하나님이시다.
따라서 운명을 바꾸는 가장 좋은 길은, 나의 영을 악한 영의 지배에서 하나님의 성령으로 바꾸는 것이다. 그러려면 하나님께 나아가는 유일한 길이신 길이요, 진리요, 생명이신 예수님을 믿어야 한다. 그리고 예수님께서 십자가에서 흘리신 대속의 피로 악한 영의 목적을 이루기 위해 살아왔던 흔적인 죄를 씻어야 한다. 그 후로부터는 영을 바꾸는 영적 전쟁을 해야 한다. 이것이 기독교신자의 성화를 이루는 삶이다. 영적 전쟁은 바로 성화를 이루는 삶을 온전히 살 때 승리할 수 있다.

인간의 영을 바꾸는 영적 전쟁은 인간 삶에 고난과 역전이라는 파란만장한 삶으로 나타나게 된다. 이것이 바로 십자가를 지는 삶이며, 예수님을 따르는 삶이라고 하는 것이다. 이러한 신앙의 여정, 고난의 삶은 기독교인의 표지다. 기독교신자라면 누구라도 예외 없이 하나님께서 이 길을 걷게 하신다. 그것은 사단의 영에게 사로잡힌 인간의 영을 바꾸고 운명을 바꾸시는 하나님의 사랑이시며 생명을 주시는 능력이기 때문이다.

이 세상과 만물, 인간은 가시적 물질적 영계와 비가시적 물질적 영계가 공존하며 상호관계를 맺고, 힘의 강약으로 운행되는 원리 안에 존재한다. 나아가 가시적 물질적 영계와 비가시적 물질적 영계는 영적 존재의 영적 에너지의 지배와 다스림을 받는다. 이는 우주와 만물 그리고 인간의 존재와 운명은 영적 존재의 목적에 의해 존재한다는 것을 의미한다. 그러므로 영의 목적이 인간의 삶이며 운명을 이룬다. 그렇다면 유한한 인간이 가장 복되게 사는 것은 오직 하나님의 영으로 삶과 운명이 바뀌는 것이다. 이것이 기독교의 생명의 능력이다. 기독교만이 가시적 물질적 영계와 비가시적 물질적 영계가 공존하는 세상에 사는 인간에게 유일한 생명의 길이며 인간이 가장 인간답게 사는 운명이 되는 선한 길이다.

성령으로 인해 영이 거듭나는 생명의 기독교가 있다는 것은 가시적 물질적 영계와 비가시적 물질적 영계에 사는 인간에게 가장 선하고 좋은 것이다.

성령으로 인간의 영이 거듭나서 영이 바뀌는 것.

이것이 인간에게 이 땅에서도, 내세에서도 영원한 생명을 얻는 유일한 길이다. 기독교는 가시적 물질적 영계와 비가시적 물질적 영계에 존재하는 모든 것의 생명이다.

부록
기독교에 들어온 신인합일강신과 마법적 행태 요약

(1) 자발적 강신을 통해 신인합일을 하자는 사상

명상을 통해 의식변화를 일으켜 신과 접신하여 신인합일을 한 후에 인간이 신이라는 것을 알게 된다는 사상들

① 이교의 신인합일강신
- 영지주의
- 마니교
- 만다교
- 카발라
- 수피즘
- 힌두교 명상

- 불교 명상 참선

- 블라바츠키의 뉴에이지

- 그 외 수많은 신비주의 영성과 명상 그룹들

② 기독교 안의 신인합일강신류

- 화살기도

- 관상기도

- 신사도 운동 일부 세력들

(2) 마법세력들

인간의 정신력의 힘인 인간의 염원, 생각, 구상화, 말로 인간은 자신이 원하는 것을 창조하며 원하는 대로 살 수 있으므로 인간이 신이라는 사상들이다.

① 이교의 마법류들

- 마법
- 헤르메스주의
- 오컬트 구상화

- 마릴린 퍼거슨의 뉴에이지

- 신사상운동

- 끌어당김의 법칙

- 양자역학

- 인간정신력의 과학

- 상상력의 힘

② 기독교 안의 마법류적 사상들

- 신사도운동 일부

- 믿음말씀운동

- 번영신학

- 긍정의 힘

- 내 말과 생각으로 미래를 선취하자는 예언의 선취운동

- 4차원 영성(사차원의 영적 세계)

참고도서

- 『19인의 초능력자 이야기』, 박희준, 단, 2006

- 『4차원의 영적 세계』, 조용기, 서울말씀사, 1999

- 『뉴 에이지 신비주의』, 김태한, 라이트하우스, 2008

- 『구약성경과 신들』, 주원준, 한님성서연구소, 2012

- 『금기의 수수께끼』, 최창모, 한길사, 2003

- 『한국 교회가 잘못 알고 있는 101가지 성경 이야기 1』, 윤석준,
  부흥과개혁사, 2010

- 『한국 교회가 잘못 알고 있는 101가지 성경 이야기 2』, 윤석준,
  부흥과개혁사, 2011

- 『신비주의와 손잡은 기독교』, 레이 윤겐, 부흥과개혁사, 2009